La Penseuse

La Penseuse

Annie Huault

GABRIELE MÜNTER

La Penseuse

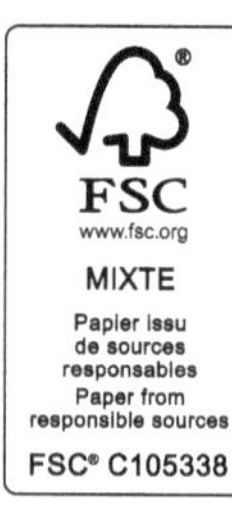

Edition : BoD, Books on Demand12/14 rond-point des Champs
Elysées, 75008 Paris
Imprimé par Books on Demand GmbH, Norderstedt, Allemagne
ISBN :978-2-3224-0525-1
Dépôt légal : février 2022

Grâce à l'art, au lieu de voir un seul monde, le nôtre, nous le voyons se multiplier et autant qu'il y a des artistes originaux, autant nous avons de mondes à notre disposition, plus différents les uns des autres que ceux qui roulent dans l'infini, et qui bien des siècles après qu'est éteint le foyer dont ils émanaient, qu'il s'appelât Rembrandt ou Ver Meer, nous envoient leur rayon spécial.

Marcel Proust, Le Temps retrouvé

Table des vignettes

Deux portraits en regard

Elle règle l'angle de vue.
Il règle l'angle de vue.
Elle le prend en photo.
Il la prend en photo.
Elle porte en elle une image de lui.
Il porte en lui une image d'elle.

Redonner cette image, avec les moyens qui sont les leurs. Alors à un an d'intervalle, ils réalisent le portrait de l'autre en regard. C'est lui qui commence en 1905. Une toile de 45 centimètres sur 45 centimètres, des pinceaux, une palette, des tubes de peinture à l'huile, il peint d'après photo. Gabriele Münter pose dans la salle à manger de l'appartement où ils ont élu domicile à Dresde, au numéro 44 de la Schorrstraße. Elle est assise sur une chaise de bois. Elle porte un chemisier blanc dont le col au large revers forme comme un fichu posé sur les épaules. Cela pourrait être un col marin, mais le nœud n'est pas dans le creux du décolleté. Il s'impose au ras du cou, un énorme nœud vert-de-gris qui dissimule la poitrine.

Il y a deux poses pour la photo. Sur l'une, elle est légèrement de biais, le visage, le haut du corps et les bras. Sur l'autre, de face, un gros plan sur le visage et le haut du corps. C'est cette deuxième pose que choisit Kandinsky pour son portrait. Il n'enjolive rien, au contraire, il accentue encore quelque peu l'immense tristesse qui se dégage de son visage. Elle a 28 ans, mais dans ce regard pèse le poids d'une vie improvisée, une vie d'errance entre Tunis et Rapallo avant de rejoindre Paris. Le regard d'une femme sans port d'attache, sans ancrage dans une vie établie et comme le regret qu'il en soit ainsi. Kandinsky a quitté sa femme Anna, il n'est pas encore divorcé, il est torturé par le remords.

Kandinsky peint une femme sans âge ni charme féminin. On aurait envie de la secouer, la prendre dans nos bras, voir apparaître une esquisse de sourire aux commissures de ses lèvres. Mais non, rien, le visage reste désespérément fermé comme si le message de Kandinsky, c'était de nous signaler qu'en sa présence, les femmes ne peuvent être heureuses. Lui-même éprouvera une sorte de repentir en qualifiant sa peinture de *Saumalerei*, ce qu'on pourrait traduire en termes crus par *une peinture de cochon*.

En 1906, Gabriele Münter est installée à Paris, rue Madame. C'est là qu'elle réalise le portrait de Kandinsky. Elle choisit une technique qu'elle a découverte dans la capitale française et qui la ravit : la linogravure. Une plaque de linoléum, des gouges, du papier carbone, de l'encre d'impression, un rouleau dur pour encrer, un baren japonais pour imprimer la gravure sur le papier, voilà, tout le matériel est réuni.

S'agit-il d'un portrait selon photo ? Vraisemblablement, mais la photo n'est pas cataloguée. Lorsque Gabriele voit apparaître la silhouette de la gravure sur le papier, un frisson la saisit, tant le visage de Kandinsky se manifeste avec une intensité qui la bouleverse. Un visage digne, sérieux et volontaire. Des yeux sombres derrière des lunettes sans cerclage qui scrutent le spectateur et ne le lâchent pas. Un visage aux apparences lisses, mais derrière lequel transparaissent les courants contraires de la nature de l'artiste. De Sèvres, à l'occasion de son quarantième anniversaire, il lui écrit : « *Je comprends de mieux en mieux la théorie* » mais il ajoute : « *Est-ce que la vie et les forces me suffisent pour transformer cette théorie en pratique ?* » A Sèvres, Kandinsky a le cafard, la créativité lui fait défaut, son intérêt pour l'art est en berne.

En réalisant ce portrait, Gabriele Münter est au plus juste, sans imposer quoi que ce soit. A Paris, elle s'affirme en tant que peintre et se libère en partie de la pression exercée par Kandinsky. Elle découvre la vie dans le présent et refuse d'être projetée dans un avenir de plus en plus incertain. Cette linogravure de l'artiste russe restera unique dans son œuvre. Cette même année 1906, elle est exposée au Salon d'Automne.

Murnau sous la neige

Murnau est une petite commune de Haute-Bavière située au pied des Alpes au bord du Staffelsee. A une heure de train de Munich. Une bourgade où le temps semble s'être arrêté tant les passants flânent d'un pas nonchalant, s'attardant à l'un ou l'autre stand de victuailles qui jalonne la rue principale, *Untermarkt* et *Obermarkt*. En son centre, le bâtiment de la mairie en style néogothique qui au fil des époques a accueilli les marchands de céréales, les pompiers, puis la poste avant de devenir le bâtiment administratif que l'on connaît aujourd'hui.

A l'angle de la mairie, je m'engage dans la *Schloß-bergstrasse*, la rue du château car si je suis venue à Murnau, c'est bien pour cela, partir sur les traces de l'hôte la plus célèbre de ces lieux, la peintre Gabriele Münter.

« Ce musée vaut le détour ! » m'avait déclaré une amie artiste peintre à l'annonce de mon voyage en Bavière. « Tu verras, toute une salle lui est réservée. Certains tableaux, on ne les voit dans aucun catalogue ! » Cette remarque avait titillé ma curiosité. Son enthousiasme allait-il être le mien ?

Je gravis les marches qui montent au château. Il souffle un vent glacial, c'est la fin février et le printemps somnole encore dans les limbes. Le hall d'entrée qui fait office de boutique diffuse une chaleur réconfortante. Acheter son billet d'entrée, déposer sa veste matelassée au vestiaire en sous-sol, remonter puis prendre l'escalier qui mène au troisième étage, la tension monte d'un cran. Que vais-je découvrir ? Ou plutôt vais-je vivre des émotions ? Car c'est bien de cela qu'il s'agit, des émotions esthétiques qui sont ou ne sont pas suscitées par la découverte d'un tableau.

Il en va ainsi de chaque exposition de peinture que j'explore d'une salle à l'autre. Un tableau, rien qu'un seul et si je perçois d'emblée une interaction entre lui et moi, un ravissement, un dialogue intérieur au-delà des mots, alors je repars le cœur en joie. Ce tableau, je l'enrobe du regard, je poursuis ma déambulation puis je viens en prendre congé avant de quitter les lieux. Je me détourne une dernière fois. Comme si cet ultime regard porté sur lui inscrivait dans ma mémoire un palimpseste indélébile.

J'entre dans la pièce du troisième étage où sont exposées quatre-vingts des œuvres de Gabriele Münter. Loin des musées modernes où l'architecture compte autant que les tableaux exposés, là, dans cette pièce, on se croirait presque dans une maison familiale, tant le cadre est intime. Accrochées au mur, les toiles, au centre de l'espace, des panneaux explicatifs sur les différentes phases de la vie de l'artiste à Munich, Murnau et Stockholm.

Je me dirige vers le mur du fond. Deux femmes attirent mon regard. Je les découvre pour la première fois : *Portrait d'une dame* peint en 1909 et *Femme allongée* peint en 1919. Ces deux femmes dans leur posture dégagent une modernité qui me séduit. Près d'elles *Javanaise* peint en 1930. Sur ce portrait, je ne m'attarde pas, mais je sais d'emblée que j'y reviendrai un jour.

J'avance plus avant, découvrant sur le mur à gauche *Jeune fille à la fenêtre* peint en 1934. Décidément, je préfère les portraits aux paysages, me dis-je en mon for intérieur. À peine ai-je formulé cette pensée que je me trouve happée par un petit tableau situé à gauche de l'entrée, *Murnau sous la neige,* peint en 1954. Sous un ciel rose et émeraude se dessinent les contours de l'église paroissiale St Nicolas avec en son pourtour les maisons d'habitation blotties les unes contre les autres. Les toits blancs ou bleu ciel coiffent l'ensemble d'une note gaie, légère, presque délurée. On aurait envie d'y être, là, dans l'une de ces maisons, bien au chaud, alors que dehors sévit le froid hivernal.

A ce moment précis, tout s'obscurcit dans la pièce. Par la fenêtre, je vois les flocons tomber dru, une véritable tempête de neige qui s'abat sur Murnau. Je saisis cette scène comme un signe du ciel. Ce tableau et dehors, la tempête en simultané. Un signe comme quoi le temps est venu que je m'attelle à la tâche.

La maison de Murnau

Sur la photo, Gabriele se tient devant le portail du jardin, la main sur la poignée, prête à entrer. Elle porte les cheveux relevés en chignon, la tête découverte, ce qui dégage son visage et en souligne les traits. Nous sommes en été 1909. Elle a 32 ans. Elle n'en revient pas, mais oui, cette maison dans l'allée Kottmüller au numéro 33 lui appartient désormais. Elle a signé l'acte d'achat le 21 août. C'est une maison dans le style des vieilles maisons bavaroises de montagne avec quelques éléments d'art nouveau, une maison où il fait bon passer l'été, à l'ombre des chênes tutélaires. A flanc de colline, la villa offre une vue imprenable sur le château et l'église Saint-Nicolas.

Un an auparavant, elle l'avait découverte au hasard d'une excursion. La maison venait d'être construite. La seule bâtisse de l'autre côté de la ligne de chemin de fer, au milieu des prairies. D'emblée, elle avait senti une attraction irrépressible pour ce lieu.

Ni électricité, ni eau courante, ni salle de bains, un unique poêle pour chauffer toute la villa, un retour à l'âge de pierre pour les citadins qu'ils étaient, elle et Kandinsky. D'ailleurs, c'est bien lui qui l'avait poussée à signer l'acte d'achat. En plaisantant, ils avaient dit qu'ils y passeraient leurs vieux jours.

« *À Murnau, dans cette maison, je pourrais travailler* » avait-elle formulé à mi-voix. Et travailler, cela voulait dire peindre ce ciel céruléen, ces montagnes d'un bleu presque nuit, ce paysage aux contours bien délimités. Il y avait les prairies d'un vert saturé, tout en bas le marécage *Murnauer Moos*, en arrière-plan, les montagnes de l'Ammergau et dans le lointain, le massif imposant de la Zugspitze. Et lorsque le *Föhn* soufflait, ce vent chaud et sec des montagnes alpines, alors c'était un embrasement de couleurs intenses, bien tranchées : un vert éclatant, un jaune intense, un bleu électrique, un rouge flamboyant. Ces couleurs lui étaient prédestinées, elle le savait. Ces couleurs, elle voulait les saisir au mieux sur la palette, les rendre sur la toile.

Plus tard, dans son journal, elle écrira : « *Après une courte période torturante, j'ai pu faire un grand bond : d'une copie de la nature, plus ou moins impressionniste, à la perception d'un contenu, à la capacité d'abstraire.* »

Ils sont quatre cet été-là à discourir sur la peinture, à dessiner, photographier, se baigner dans le Staffensee. Il y a Wassily Kandinsky bien sûr, son compagnon, à qui se sont joints deux amis et artistes russes eux aussi : Marianne Werefkin et Alexej Jawlensky. Kandinsky les connaît depuis le temps de ses études à Moscou. Ils forment un quatuor disparate, les deux femmes à l'opposé l'une de l'autre, les deux hommes s'observant du coin de l'œil.

Gabriele Münter aime la simplicité, la clarté, l'ancrage dans la réalité des choses. Marianne Werefkin est une femme qui en impose, sûre d'elle, autoritaire, accordant la plus grande importance à sa toilette, portant même à la campagne des chapeaux extravagants sur lesquels sont déposés des plumes, des rubans, des breloques et brimborions. Cet été 1909, Gabriele réalise d'elle un portrait saisissant, le chapeau occupe toute la place.

Alexej Jawlensky se perd dans des considérations sur la peinture. Il sait ce que peindre de façon moderne veut dire. Son maître mot est inspiré de l'école de Pont-Aven : il se dénomme *synthétisme*. Le peintre procède par aplat de couleurs vives, cloisonnement des plans, géométrisation de la composition. Mais cet été-là, il peint encore de façon impressionniste. Ce qu'il désire réaliser, il le transcrit en mots, pas encore sur la toile. Il observe Gabriele à l'œuvre, la complimente pour son travail. Sa réputation de coureur de jupons n'est plus à faire. Mais Gabriele est sensible à ses remarques, à sa manière de valoriser ce qui est sur le point d'advenir. Kandinsky observe la scène avec une pointe de jalousie. Il se trouve dans une phase de recherche, une recherche qui tend de plus en plus vers l'abstraction, l'absence de représentation du monde extérieur, l'absence de détails réalistes, l'absence de figuration, un art qui viendrait uniquement des couleurs et des correspondances et résonances entre elles. Comment ces dernières peuvent-elles se charger d'un pouvoir émotif ? Comment peuvent-elles avoir une signification cosmique ? C'est à la constitution d'une théorie de l'art qu'il se consacre.

Un après-midi de soleil éclatant, Marianne et Alexej s'allongent dans la prairie, goûtant aux joies bucoliques. Marianne a gardé son chapeau extravagant. Gabriele pourrait saisir son appareil photo, mais non, c'est la palette et le pinceau qu'elle saisit. Un vert saturé pour la prairie, un bleu charron pour le ciel. Elle peint Marianne dans une robe blanche, Alexej dans un costume sombre. Alexej est allongé dans l'herbe, Marianne à demi redressée. Une insouciance de vivre que l'artiste se plaît à transcrire sur la toile. Une insouciance de vivre alors que dans la campagne environnante, les paysans vaquent au dur travail des champs.

Dans le village, les langues se délient. Que font ces quatre artistes ? Quelle vie mènent-ils ? Marianne et Gabriele font scandale. Elles n'ont pas convolé en justes noces. Lorsque Marianne se pavane seule dans la rue principale, lorsque Gabriele chemine un jour aux côtés d'Alexej, l'autre aux côtés de Wassily, les bruits les plus fous commencent à courir. Bientôt, la maison prend un nom qui lui restera : la maison des Russes.

Les bateaux de la Volga

Elle est montée sur la terrasse de l'hôtel de Suisse, son œuvre à la main. Derrière elle, les maisons blanchies à la chaux, les toits de la ville européenne, un ciel brumeux. En ce printemps 1905, le froid humide de l'hiver laisse timidement la place à des températures plus clémentes. Elle déploie l'étoffe devant elle, Kandinsky appuie sur le déclencheur. La photo est dans le boîtier. Alors qu'il redescend, elle reste encore quelques minutes à observer deux femmes en djellaba qui sur la terrasse d'en face s'affairent autour d'une bassine émaillée. Ecossent-elles des fèves ? se demande-t-elle.

Ce jour-là, elle porte une longue robe noire avec un corsage aux manches bouffantes, un col boule qui lui couvre le cou et sur lequel elle a accroché une broche en son milieu, des chaussures plates dont on aperçoit les pointes. A quoi pense-t-elle à cet instant ? Sur son visage, on lit de la fierté, mais aussi une pointe d'irritation.

Dans un mouvement de volte-face, elle tend les bras, déploie l'étoffe non plus devant elle mais vers elle pour en mesurer l'effet. C'est la première fois qu'elle observe sa broderie avec une telle intensité et là, sur cette terrasse, elle a l'impression de la découvrir avec une acuité nouvelle. Dans la chambre d'hôtel froide et vouée aux courants d'air, il lui manquait la perspective.

C'est Kandinsky qui en avait eu l'idée. Il avait dessiné une esquisse et avait déclaré en la lui présentant : « Voilà, les bateaux de la Volga ! » Elle avait souri, trouvant quelque peu saugrenue l'idée d'évoquer la Volga alors qu'ils passaient l'hiver à Tunis, à mille lieues du fleuve si cher à l'âme russe. Avait-il pensé à son compatriote Ilia Répine et ses *Bateliers de la Volga* ? Avait-il imaginé les haleurs de barges qui faisaient glisser les voiliers contre le courant de la rivière ? Le mot *bourlakis* était-il remonté à sa mémoire ? Elle n'en sait rien. Sur l'esquisse, elle ne voit que deux drakkars, l'un occupant tout le premier plan, l'autre perdu dans le lointain. Rapidement, elle avait fait l'inventaire du matériel nécessaire, de la soie, du fil à broder, des perles. Elle travaillerait en appliquant perles et morceaux de tissu sur un fond bicolore marron sépia et gris bleuté.

Rien ne lui manquait. Sur leur périple les conduisant à Tunis, ils s'étaient arrêtés à Lyon avant d'embarquer à Marseille. Elle avait fait quelques emplettes de mercerie. Et l'idée tombait à pic. Elle se sentait désœuvrée. Le couple sort très peu, quelques promenades en ville ou dans le parc du Belvédère. Kandinsky ne désire pas nouer de liens, entrer en relation. Il est soucieux, anxieux. Chaque jour, il achète les journaux, espérant déceler une lueur d'espoir. Mais les nouvelles venant de Russie sont déprimantes. Depuis février 1904, l'empire russe s'est engagé dans un conflit meurtrier avec l'empire japonais. Il y va du contrôle de la Corée et de la Mandchourie. Son demi-frère Vladimir est enrôlé. Il reste sans nouvelles.

Pour la coque du navire, Gabriele a choisi un assortiment de perles vertes, roses, marron et blanches qu'elle dispose ingénieusement sur le tissu de soie. Absorbée par son ouvrage de broderie, elle laisse vagabonder ses pensées. Elle se revoit arriver à Tunis, le 25 décembre 1904. Sur le quai, elle chancelait. La traversée avait été houleuse, elle avait souffert du mal de mer. Et ils se retrouvaient là, dans cette ville inconnue où le froid, le vent et la pluie les obligeaient à rester confinés dans leur chambre d'hôtel. Qu'en était-il de la *Gemütlichkeit* du Noël bavarois ? Elle se souvient de la nostalgie qui l'avait étreinte en évoquant ces petits riens qui agrémentent cette fête : les gâteaux sablés à l'anis ou la cannelle, le vin chaud, l'oie rôtie farcie et le chou rouge.

Kandinsky était en fuite, elle l'avait suivi. Depuis qu'il s'était séparé de sa femme Anna, il ne supportait plus de rester à Munich, d'être confronté aux regards désapprobateurs de ses semblables. Partir, tout simplement partir, être en route. D'abord la Hollande et maintenant Tunis. Gabriele n'ose formuler la moindre perspective sur l'avenir de leur couple. Elle se sent hors-la-loi, partageant une chambre avec un homme qui n'est pas encore divorcé. Elle enfreint à toutes les règles de bienséance. Surtout ne pas se laisser emporter par ses pensées, se dit-elle et elle saisit une perle de verre qu'elle insère au centre d'un cercle sur la voile du drakkar. Demain, je proposerai à Wassi de faire une excursion à Sousse et Kairouan. Le guide Baedeker en dit le plus grand bien.

Une année à Sèvres

Cela faisait plus d'un mois qu'elle s'était installée au 58, rue Madame, dans une chambre meublée au deuxième étage d'une maison où vivait le couple Stein. Michael était le frère de Gertrude Stein, l'Américaine collectionneuse d'art connue du Tout-Paris. Cette dernière habitait quelques rues plus loin, au 27, rue de Fleurus. Gabriele ne les avait pas encore rencontrés, l'occasion ne s'était pas présentée.

Le simple fait de prononcer cette adresse localisée au cœur de Paris avec le jardin du Luxembourg, l'église Saint-Sulpice et le théâtre de l'Odéon à deux pas la ravissait. Au 58, rue Madame. C'était surtout ce mot *Madame* qui lui donnait un étrange sentiment de liberté. Il constituait l'un de ses mots préférés de la langue française, une douce caresse à l'oreille dès ses premiers pas dans cette langue qu'elle apprivoisait depuis son arrivée à Paris en mai 1906. Se faire appeler *Madame* lui conférait une élégance de femme qu'elle ne méritait pas, se disait-elle. Et pourtant le mot résonnait sans cesse, aux moindres emplettes du quotidien, miche de pain ou morceau de fromage.

Ce jour-là, elle ne tient plus en place. Dans une heure aura lieu son premier cours de dessin à l'Académie de la Grande Chaumière. Son matériel est prêt : un bloc de dessin à grain, une planche à dessin, une pince à papier, des crayons graphite. Elle a déjà repéré le parcours sur le plan de ville, il ne lui faudra qu'un bon quart d'heure à pied pour atteindre l'Académie.

C'est Kandinsky qui a voulu qu'elle parte, qu'elle quitte l'appartement commun du 4, rue des Binelles à Sèvres où ils étaient installés depuis fin juin. Ils avaient eu la chance de trouver un beau logement calme, au rez-de-chaussée d'une maison de campagne. D'un côté, ils voyaient la ville de Sèvres, de l'autre un petit château du XIXe siècle dans le parc de Saint-Cloud. Ils auraient pu y vivre heureux et inspirés par le nouvel environnement. Mais les tensions entre eux ne faisaient que s'aggraver.

Il éprouvait le besoin d'être seul, torturé par des sentiments de culpabilité vis-à-vis de sa femme Anna. La simple présence de Gabriele le ramenait à une situation dont il ne savait comment s'extirper. Les disputes étaient de plus en plus fréquentes, pour des broutilles. Qu'ils s'éloignent l'un de l'autre, que chacun de son côté retrouve la voie qui lui était propre, oui, cette décision s'imposait.

A Sèvres, elle avait de l'espace, de la lumière. Elle n'avait pas la tranquillité d'esprit. Gabriele avait d'abord subi cette décision, elle découvrait désormais une forme d'ivresse à agir selon sa propre volonté.

Elle enfile sa veste trois-quarts marron glacé en sergé de laine, met son chapeau à plumes assorti. Son matériel sous le bras, elle ferme la porte de sa chambre à clé. Dehors, un vent glacial la saisit au visage. Elle remonte le col de sa veste, presse le pas dans la rue Madame puis s'engage dans la rue d'Assas jusqu'à la rue Vavin. Elle descend la rue Notre-Dame-des-Champs puis prend la deuxième rue à droite, voilà elle y est, rue de la Grande Chaumière. Au numéro 14, elle s'arrête devant la façade de crépi ocre, lit en lettres majuscules le mot ACADÉ-MIE flanqué à gauche de l'inscription *peinture*, à droite de l'inscription *sculpture*. Elle s'est inscrite au cours de quatorze heures, chez M. Théophile Steinlen. Elle arrive à l'heure, il suffit de pousser la porte latérale pour entrer. Le couloir qui mène à l'atelier exhale des effluves de colle et de vernis, mais aussi de vieux bâtiment souffreteux. Par la porte de l'atelier entrouverte, elle aperçoit un homme avec moustache et barbiche, une raie prononcée sur le côté gauche. C'est le seul homme dans la salle. M. Steinlen.

Il l'invite à prendre place dans l'arc de cercle autour d'une estrade installée tout devant, au milieu de la pièce. Quelques jeunes filles déjà installées chuchotent des mots inaudibles. « Jeunes filles de bonne famille » se dit Gabriele. Elle se fait discrète, ses connaissances de français ne lui permettent aucune extravagance. Elle s'installe au deuxième rang, à proximité du poêle Godin en fonte émaillée. Elle sort sa planche à dessin, y fixe une feuille avec la pince à papier. Bientôt, l'atelier se remplit.

Sur l'estrade, une jeune femme blonde est installée dans un fauteuil, la tête légèrement baissée. Sur les genoux, un bloc-notes. Elle serre un crayon entre les mains.

« Voilà, il s'agit de redonner l'esprit de cette posture » explique M. Steinlen. « Concentrez-vous sur les lignes essentielles, ne vous perdez pas dans les détails ! » ajoute-t-il.

Gabriele inspire profondément, son regard s'attarde de longues secondes sur la scène. S'imprégner de cette femme au bloc-notes, faire corps avec elle pour la laisser vivre en elle, à la pointe de son crayon. Elle esquisse quelques lignes, son trait est vif et décidé. Elle relève à peine la tête, une ou deux fois peut-être, elle se fait confiance, elle a intériorisé la posture.

M. Steinlen passe entre les rangs, corrigeant l'une ou l'autre ligne, divulguant de bons conseils. Lorsqu'il passe derrière son dos, il déclare :

« *Avec ce dessin, vous pouvez arriver à des choses très élevées.* »

De cette phrase, elle se souviendra toute sa vie.

Gabriele et Paula

Je les imagine se croisant dans les rues de Paris, rue Madame, rue Cassette ou avenue du Maine. Se reconnaîtraient-elles à un détail infime, chapeau à plumes pour l'une, chapeau gris bleu pour l'autre et puis ce petit quelque chose dans la démarche, ces menus détails qui les feraient hésiter, se retourner. Est-elle Allemande elle aussi ? Elles s'accosteraient, l'une comprendrait la langue de l'autre. Allemandes et artistes peintres. Et elles ont le même âge, à un an près. Gabriele a 29 ans, Paula[1] en a 30. Séjourner dans la capitale française, déambuler dans les musées, s'inscrire à une académie de peinture, toutes les deux, aventureuses et téméraires, n'hésitent pas. Elles suivent la voie qui est la leur. Elles le feront toute leur vie, c'est ce qui les rassemble. Mais l'une a encore de longues années devant elle tandis que l'autre verra sa vie écourtée, il lui reste à peine une décennie à vivre. Cela, elles ne le savent pas.

Je les imagine scrutant leur image dans le miroir, détaillant les moindres détails de leur visage, non pas comme toute femme portant un jugement sans appel sur sa propre beauté, mais comme une artiste à la recherche de la ligne juste, de l'expression au plus près de la réalité, voyez, c'est ce que je suis. Elles pourraient être deux sœurs sur ces autoportraits. Elles portent un grand chapeau qui leur cache la chevelure, une robe à manches longues de couleur claire

---

1   Paula Modersohn-Becker (1876 – 1907)

avec comme touche de couleur, un pendentif rouge pour l'une, une rose de même teinte pour l'autre. Aucune esquisse de sourire sur les lèvres, un regard impassible qui fixe un photographe imaginaire car oui, on pourrait croire qu'elles posent pour la photo. Gabriele affirme son identité de peintre, elle serre palette et pinceaux entre les mains. Un pan de chevalet se devine sur le côté du tableau. Paula tient les mains posées sur le devant du corps, des mains charnues et disproportionnées. Elle serre la rose dans celle de droite, au creux de la poitrine. La rose et rien d'autre.

« Peindre un portrait constitue la tâche la plus audacieuse, la plus ardue, la plus spirituelle pour un artiste » écrira Gabriele.

Je les imagine dans la forêt de Saint-Cloud, cheminant dans les allées ombragées, à deux mois d'intervalle. A la mi-mai 1906, Paula est au bras de Rilke. Tous les dimanches, ils se retrouvent dans une complicité amicale ou amoureuse, ou bien dans un entre-deux qui ne regarde qu'eux. L'heure est à la détente, ils savourent une tasse de thé au pavillon bleu, ils discutent littérature et peinture, ils marchent d'un bon pas, puis ils s'assoient sur un banc. Lorsque Paula rentre le soir, elle a perdu son sac. A la mi-juillet de la même année, Gabriele est au bras de Kandinsky. Ils viennent de s'installer à Sèvres, au rez-de-chaussée d'une maison de campagne. La forêt est à deux pas. Ils goûtent leur plaisir sans réserve.

Kandinsky est à son aise, il a enfin trouvé le calme qu'il cherchait. Gabriele s'imprègne des allées boisées, dès demain, elle s'installera à son chevalet, toutes ces nuances de vert, elle désire les rendre au plus vite sur la toile. Elle imagine déjà une série de tableaux, au rythme des saisons. Pleine de candeur, elle se voit exposer au salon des

Indépendants, mais elle n'en touche mot à Kandinsky, le projet flotte encore dans les limbes.

Une chose m'intrigue cependant et là je ne les imagine plus car il y a comme un mystère chez l'une, une interrogation chez l'autre. Être femme, être artiste, être mère, être tout cela à la fois. Gabriele n'en touche mot. Nulle part. A-t-elle désiré un enfant ? A-t-elle évoqué le sujet avec Kandinsky ? Le monde enfantin la fascine. Elle peint le portrait de ses nièces Annemarie Münter et Friedel Schroeder. A cette dernière, elle confectionne un album coloré. Elle peint des enfants endormis, plongés dans leurs rêves les plus profonds. Chez Gabriele, les corps restent toujours habillés.

Chez Paula, les corps se dénudent. Des corps de femmes robustes, aux ventres arrondis, aux formes généreuses. Des femmes nues qui allaitent leur enfant ou bien sur ce tableau, cette mère allongée son petit tout contre elle dans une position fœtale et alanguie. Sur cet autre tableau, c'est Paula elle-même qui se peint nue au sixième anniversaire de son mariage, un collier d'ambre autour du cou, un ventre bien prononcé alors qu'elle n'est pas enceinte. Ce ventre serait-il alors la pure expression de sa jouissance créatrice d'artiste ? Paula désire un enfant, puis ne sait plus très bien et lorsqu'elle quitte Paris en mars 1907, elle est enceinte. Une petite Mathilde naît en novembre. Paula respire l'odeur laiteuse du bébé quelques jours durant.

A quelle peinture donner naissance après Mathilde ? La question reste irrésolue. Une embolie emporte Paula au premier lever après l'accouchement. Et ce mot qu'elle prononce avant de mourir « *schade!* » qui signifie dommage, qui sait si Gabriele ne l'a pas prononcé elle aussi dans le plus grand secret de son cœur de femme?

Art dégénéré

Lorsque Gabriele arrive au numéro quatre de la *Galeriestrasse*, une affiche représentant la « grande tête » d'Otto Freundlich inspirée des arts d'Océanie lui indique qu'elle a atteint son but. Une foule compacte se presse devant l'entrée de l'institut d'archéologie où a lieu l'exposition qui porte déjà le nom d'*art dégénéré*. Il y a là des hommes vêtus de leur costume du dimanche, des femmes chapeautées en robes estivales, des soldats sanglés dans leur uniforme à la coupe impeccable. L'accent munichois se fait entendre, mais aussi d'autres accents qui signalent à Gabriele que les visiteurs viennent de toute l'Allemagne.

Se rendre à cette exposition ? Ne pas s'y rendre ? Maintes fois, elle s'était posé la question, si terrible était la crainte de voir ses amis peintres diffamés en public, offerts à la vindicte populaire sans aucune forme de défense. Et puis, elle le savait, il y aurait Kandinsky. Les années avaient passé. Elle abordait la soixantaine, depuis sept ans, elle vivait avec Johannes Eichner, un historien d'art qui par sa façon d'être, lui offrait une sécurité qu'elle n'avait jamais connue jusqu'alors. Ils s'étaient retirés à Murnau, dans la maison qu'elle avait acquise en 1909. Un an auparavant, d'importants travaux avaient été réalisés. Désormais, la maison était habitable été comme hiver. Elle lui offrait le cocon protecteur où elle désirait passer le restant de ses jours. Mais pendant que le couple assis à la table de la cuisine dégustait les produits du jardin, une voix de plus en plus glapissante éructait des paroles venimeuses à la radio, suivies des applaudissements de la foule. « Vous avez entendu ? » s'était écriée Gabriele. Un art nouveau devait voir le jour, un art nouveau et authentique compris de tous. Qu'on éradique toutes les œuvres incompréhensibles, qu'on mène une campagne impitoyable contre tous ces artistes crétins qui peignent les prairies en bleu, le ciel en vert, les nuages en jaune. Gabriele avait éteint la radio, coupant la parole au Führer, le calme était revenu dans la cuisine. Voir sur place ce qu'il en est, cette idée s'était imposée à elle.

L'entrée est gratuite. Gabriele se fraie un chemin parmi les visiteurs qui se précipitent dans les escaliers car l'exposition est conçue dans un mouvement de haut en bas, de l'étage au rez-de-chaussée, contrairement à l'usage. En haut de l'escalier, le crucifix de Ludwig Gies accueille la foule. Elle baisse la tête, traverse les deux premières salles sans s'arrêter, pénètre dans la salle trois où sont exposés des nus du groupe *die Brücke*. Il y a là Otto Müller, Erich Heckel, Ernst Ludwig Kirchner. Mais ce qui retient son attention, c'est le mur *Dada*. A même le mur, on a reproduit une composition de Kandinsky sur laquelle on a accroché des tableaux de Kurt Schwitters et Paul Klee. Les nationaux-socialistes tournent en dérision une citation de George Grosz : *« Prenez dada au sérieux ! Cela vaut le coup. »*

« Comment peut-on tenir des propos aussi blasphématoires ? » se demande-t-elle en continuant sa déambulation. Plus elle avance, plus le chaos devient irrespirable. Les œuvres sont accrochées sans ordre thématique, collées les unes contre les autres, dans un éclairage douteux, un véritable capharnaüm qui la met mal à l'aise. Elle voudrait rebrousser chemin, mais la foule l'entraîne plus avant. Arrivée dans la salle numéro numéro cinq, elle n'ose s'approcher du mur, tant l'émotion la saisit : *Improvisation n° 10* de Kandinsky.

L'espace d'un instant, elle oublie la foule, la rumeur et les inscriptions calomnieuses. C'est l'été 1910, elle se revoit à Murnau, dans le jardin en fleurs, au milieu des roses, dahlias, phlox et capucines. Elle monte à l'étage. Kandinsky installé devant le chevalet est tout à sa peinture, concentré sur la ligne et la couleur. Elle ne dit rien, mais elle sait qu'il a trouvé sa voie, ce sera celle de l'abstraction. Lorsqu'enfin, il sent sa présence, ils échangent un regard d'intelligence, la peinture se suffit à elle-même, toute parole serait superflue. Elle redescend dans le jardin cueillir un bouquet d'agapanthes bleu lavande.

Elle se ressaisit. Sur un autre mur, on a accroché des aquarelles de Kandinsky avec peint au mur cette expression qui la bouleverse : *verrückt um jeden Preis*, fou à tout prix.

Partir, il n'y a plus que cela à faire, mais dans la salle six, l'autoportrait de Paula Modersohn-Becker lui lance un appel d'espoir ou de désespoir, elle ne sait comment l'interpréter. L'artiste s'est peinte en contre-jour, avec un léger sourire aux lèvres. Dans sa main en forme de tulipe, elle tient une branche de camélia. Elle porte un lourd collier d'ambre sur son torse nu. Ainsi, se dit Gabriele, elle aussi est *dégénérée*.

Une affichette indique au visiteur que cette œuvre, à l'instar de beaucoup d'autres, a été financée par les deniers du peuple. Les gens besogneux payeurs d'impôts voient leur argent dilapidé par les musées.

C'en est trop. Elle redescend les escaliers, passe la porte de sortie. A quoi bon ajouter de la douleur en parcourant les pièces du rez-de-chaussée ?

Lorsqu'en fin d'après-midi, elle rentre dans sa maison de l'allée Kottmüller, sa première action est de descendre à la cave. Il y a là une pièce bien sèche qui sera parfaite, se dit-elle.

A la table du dîner, les traits tirés, elle déclare à Johannes Eichner d'une voix blanche: « sauver l'œuvre de Kandinsky, la sauver à tout prix ! »

Mademoiselle Ellen dans l'herbe

Elle a des épaules de crawleuse. En 1934, avoir des épaules de crawleuse demeure le privilège des jeunes filles à qui le rôle de mère n'a pas encore été assigné. Dévouement, fidélité, sens du devoir, abnégation, elle ignore encore ces valeurs. Ce qui compte pour elle, ce n'est pas tant l'argent de poche qu'elle gagne au service de Gabriele que les trois soirées de libres dans la semaine et le fait de pouvoir nager à sa guise.

Mademoiselle Ellen se moque de la bienséance. Tous les matins, elle monte sur son vélo, parcourt les quelques kilomètres qui la séparent du bord du lac. Le Staffelsee, elle ne connaît que lui, un lac rien que pour elle. Toujours au même endroit, une sorte de petite crique connue d'elle seule où elle peut faire ses longueurs sans être dérangée. Bordée par deux roselières, la crique offre un refuge aux foulques macroules, aux canards colverts, aux mouettes rieuses.

Mademoiselle Ellen se déleste de ses vêtements, coiffe son bonnet de bain noir à languette, ajuste ses lunettes. Elle tâte l'eau du bout des pieds, s'avance jusqu'à hauteur de taille, se lance. Les foulques macroules s'enfuient dans un piaillement d'oiseaux ébouriffés. La fraîcheur de l'eau ne la surprend plus. Elle s'ébat dans un bien-être immédiat, ne compte que le délice de l'eau sur sa peau, le vif de cette immersion qui la revigore. Elle a le savoir du mouvement, l'allongement des bras devant elle, la palme de la main pour pousser l'eau vers l'arrière, le roulis des épaules, le battement régulier des jambes pour équilibrer et propulser tout le corps. Elle a le geste part évidente d'elle-même, elle n'est que sensations. Cette nage matinale lui procure l'exaltation d'un exercice de volonté.

Ce matin, mademoiselle Ellen reste chez Gabriele, tâches ménagères obligent. Mais pour le plaisir, elle passe son maillot de bain rouge, étale une couverture bleu roi dans le pré fleuri de marguerites. Elle s'assied, un récipient métallique posé devant elle. Les pelures de pomme de terre y tombent en volutes régulières.

Le vert saturé de l'herbe, le rouge vif du maillot, le bleu intense de la couverture. Ellen assise légèrement de biais, l'ovale du visage, les lèvres sensuelles, les longues jambes nues repliées. Gabriele enregistre la scène à la manière d'un photographe, elle saisit ses ustensiles palette et pinceau. Rendre au plus vite ces formes épurées, ces couleurs expressionnistes, Ellen concentrée sur l'épluchage des pommes de terre, rien ne compte que cette action, ce qui peut exister autour, au-dessus, au-dessous, elle s'en soucie comme d'une guigne. Dans une assiette, les pommes de terre épluchées s'amoncellent. Bientôt, l'épluchage sera terminé. Le tableau sera retravaillé, peaufiné, parachevé au fil des jours dans la maison de Murnau.

Les nationaux-socialistes toléreront qu'il soit exposé.

Femme dans un fauteuil

Elle nous ignore, plongée dans un monde qui n'appartient qu'à elle. Et quand nous la regardons, nous ne pouvons percer le secret de son intimité. Il en est bien ainsi.

Elle vient de se lever, elle est encore en pyjama, un pyjama de soie grège comme une seconde peau sur lequel elle a passé un pullover noir. Aux pieds ses pantoufles rouge vif. Elle pourrait s'installer à la table du petit déjeuner, mais non, elle se dirige vers le salon, s'installe dans son fauteuil de velours gris pour noter dans l'urgence le rêve de la nuit. Car noter les rêves de la nuit fait partie de ses rites matinaux. Si les images défilent au petit matin avec la clarté d'un film intérieur, c'est qu'elles doivent être fixées sur la page, comme une réalité nocturne aussi tangible que la réalité diurne.

Le rêve d'une grande maison, en fait, c'est ma maison, mais je n'en reviens pas, il y a de petits coins douillets avec de grandes baies vitrées où je ne suis jamais allée. L'un de ces coins douillets donne sur un paysage de montagne. Il y a là des affaires laissées par l'ancien propriétaire des lieux, des boîtes de carton vides, des plantes séchées, des vases, un cache-pot que je vais garder, car j'ai déjà le même, ils iront bien ensemble. Je me dis que ce n'est pas un problème pour faire le tri et m'installer là pour écrire.

Elle feuillète son cahier, relit quelques notes et cette phrase rescapée d'un rêve qu'elle avait notée au réveil une semaine auparavant :

Un oiseau de bon augure dans un ciel argenté

Avant de refermer son cahier, elle ne peut s'empêcher de relire le rêve du petit âne, c'est son rêve préféré :

Je chemine dans la campagne sur un petit âne gris doux et gentil. L'âne connaît son chemin. Il a une capacité extraordinaire : il regarde devant lui et il me regarde en même temps. Je lui caresse la tête, tellement heureuse d'avoir un tel âne.

Tout à coup apparaît au sol un long serpent rabougri jaune et noir qui lance son venin. Je prends peur, mais le petit âne, stoïque, ne bouge pas, attend que le serpent disparaisse et en effet, au bout d'un moment, le serpent disparaît dans les hautes herbes.

Elle range le cahier dans le tiroir de la commode, les rêves s'évanouissent et elle reprend place sur le tableau, bien à sa place dans la Galerie du Lenbachhaus où elle est exposée sur le mur de la grande salle au premier étage.

Avec sa coupe de cheveux à la garçonne, la jeune femme est d'une incroyable modernité. *Dame im Sessel, schreibend, femme dans un fauteuil, écrivant,* tel est le titre de l'œuvre. Elle a été peinte en 1929. C'est ce tableau que j'interroge à chaque fois que je me mets à l'ouvrage, comme un rituel. Cette femme écrivant m'invite à faire advenir les mots, les phrases, à les faire danser sur la page encore vierge.

Comme dans un fondu enchaîné, la femme disparaît, et c'est une autre femme que j'imagine dans le fauteuil, une femme plus âgée, Gabriele Münter elle-même. Elle vient de fêter ses quatre-vingts ans, nous sommes en février 1957. Elle signe les documents léguant ses œuvres et celles de Kandinsky au Lenbachhaus. Elle signe avec la certitude de leur avoir enfin trouvé un toit, aux siennes et à celles de son ancien compagnon. Cachés depuis les années trente dans la cave de la maison de Murnau, les tableaux aspirent à la lumière et la notoriété.

La liste est longue : 90 peintures à l'huile, 300 aquarelles et dessins, 29 carnets d'esquisses, 24 peintures sur verre pour l'œuvre de Kandinsky, 25 peintures, 200 aquarelles et dessins, 7 carnets d'esquisses pour son œuvre à elle. A cette liste s'ajoutent des œuvres de Franz Marc, Alexej Jawlensky, Marianne von Werefkin, August Macke, Paul Klee, Alfred Kubin. Du jour au lendemain, le musée, tel la Belle au bois dormant, se réveille d'un long sommeil provincial pour devenir un musée de renommée internationale. Les expositions se succèdent, le mouvement du Cavalier bleu prend son essor hors de la sphère munichoise.

Sur une photo en noir et blanc datée de 1934, Gabriele pose devant la villa du Lenbachhaus, côté jardin. Elle porte un chapeau cloche, un manteau de laine dont un gros bouton ferme le col de façon asymétrique. Elle tient un sac sous son avant-bras, fermement. On devine une esquisse de sourire sur ses lèvres. Une femme simple et discrète. Qu'elle serait un jour la grande dame de la maison, non, elle ne peut à ce jour en concevoir la pensée.

Franz et Maria Marc

L'homme est svelte, dans la force de la trentaine avec le visage encadré de curieuses rouflaquettes et surmonté d'épais cheveux noirs. Il pourrait être Italien ou Espagnol. La femme est plutôt grassouillette, avec une raie médiane très prononcée, les cheveux coiffés en deux tresses relevées sur la nuque. Ils se sont rencontrés au bal d'une kermesse à Munich, puis perdus de vue, puis rencontrés à nouveau. Lui épouse une autre femme en 1907, elle continue à l'aimer, mais ses parents la retiennent à Berlin. En 1908, le divorce est prononcé, lui pourrait l'épouser, mais il lui manque la dispense en vue du remariage. Ils s'envoient des lettres pleines de fougue et d'élan amoureux, mais les choses tardent et les années passent. En 1911, ils se rendent à Londres pour officialiser leur relation, mais c'est peine perdue. Dès lors, ils se déclarent mari et femme. Au mariage, ils ne cessent de penser.

Sur une photo datant de 1911, on les voit tous les deux dans l'appartement de Gabriele Münter et Wassily Kandinsky, Ainmillerstraße : Franz Marc et Maria Franck. Ils sont assis sur une chaise, le regard baissé et concentré sur une lettre que Maria tient entre ses mains. Que leur révèle la missive ? La question reste entière. Puis ils sortent tous les quatre sur le balcon dans le froid de l'hiver et posent pour la photo.

De la Ainmillerstraße, il suffit de tourner à droite dans la Leopoldstraße et de prendre la deuxième à gauche. Au numéro 23 de la Giselastraße, Marianne von Werefkin tient salon. A l'heure du thé se rencontrent des peintres, poètes, philosophes, princes et princesses russes de passage à Munich. Le 1er janvier 1911, lorsque Gabriele Münter et Wassily Kandinsky pénètrent dans la pièce d'apparat, Marianne vêtue d'une blouse rouge vif et d'une jupe de laine couleur d'ébène est en grande discussion avec Franz Marc. C'est l'hôte de marque de la soirée. Ils le connaissent de vue, ils sont entrés en contact avec lui grâce à la Nouvelle Association des artistes munichois. Ce 1er janvier est l'occasion de faire plus ample connaissance. D'emblée, Franz Marc est subjugué par la personnalité de Kandinsky. Dès le lendemain, il écrit à Maria restée à Berlin :

« *Hier soir, j'ai été avec Helmut chez Jawlensky et j'ai passé tout mon temps à parler avec Kandinsky et Münter qui sont des gens merveilleux. Kandinsky est le plus charmant de tous, plus même que Jawlensky. J'étais totalement captivé par son raffinement et sa distinction : un type bien jusqu'au bout des doigts. Je comprends pourquoi Münter, qui me plaît beaucoup, est follement amoureuse de lui. Ils veulent tous venir nous rendre visite à Sindelsdorf et, à notre tour, nous allons rendre visite à Kandinsky et Münter à Murnau. Comme je me réjouis du moment de te les présenter ! Je suis sûr que tu te sentiras aussitôt à l'aise avec eux, y compris avec Münter.* »

Cette même année, une vente aux enchères est organisée au profit de la Nouvelle Association des artistes munichois. Franz Marc y assiste car ces peintres le charment et le fascinent. Enfin des artistes qui ne peignent pas de façon académique, enfin des artistes qui s'inscrivent pleinement dans leur époque !

Mais c'est l'œil rivé sur sa bourse qu'il voit les tableaux défiler. Ses moyens financiers ne lui permettent aucun écart.

Tout à coup, on présente un petit tableau de Gabriele Münter, *Winterlandschaft*, paysage hivernal. Une route enneigée, des maisons qui la bordent, c'est un paysage enneigé, mais ce qui domine, c'est une profusion de couleurs. Des toits vert, bleu ou violet, un ciel bleu et vert, ici et là, des touches de bleu roi. C'est ce bleu roi qui le subjugue. Le tableau le happe et sape sa raison. Il s'en porte acquéreur. Ce sera le cadeau de mariage pour Maria, se dit-il. Ni bague, ni collier ou autre bijou, mais ce tableau ! Le soir même, il lui adresse une missive en commençant par ces mots :

« J'ai acquis aux enchères un très très beau paysage de Münter. C'est mon cadeau de mariage ou un cadeau de bienvenue (car tu le recevras lorsque tu seras là). Excuse mon inconscience, je ne pouvais faire autrement ! Il faut que tu le voies et nous en reparlerons. Si tu l'aimes, il t'appartient ; tout t'appartient, moi et tout, si seulement tu m'appartiens aussi. »

Maria arrive à Munich en avril 1911. A-t-elle aimé le tableau ? Y a-t-elle vu une preuve d'amour ? Toujours est-il que Franz et Maria ne se quitteront plus jusqu'à la déclaration de la Première Guerre mondiale. Le 3 juin 1913, ils se marient. Leur idylle sera de courte durée. Franz Marc meurt au front près de Verdun le 4 mars 1916.

Elisabeth Macke

Elisabeth s'est installée dans un fauteuil, son ouvrage de broderie à portée de main. Elle a passé un châle blanc sur ses épaules. Au bord du Tegernsee, dans la maison lumineuse qu'un ami a mise à leur disposition, les pièces se refroidissent vite. C'est l'automne 1909, le premier automne dans sa vie de couple. Elle a l'avenir devant elle et cet avenir s'annonce de bon augure : elle attend son premier bébé. Elle caresse son ventre, rassérénée. Elle a eu très peur. Elle a failli le perdre.

Elle se revoit deux mois auparavant, à Paris. Ils étaient en voyage de noces. Juste avant de partir, elle avait révélé à August son grand secret : elle avait senti en elle les premiers tressaillements de la maternité.

Ils étaient arrivés tard dans la nuit, le chauffeur de taxi les avait déposés devant un hôtel miteux. Elle avait froid, mal au dos, les nerfs à vif. Elle n'avait qu'une hâte : s'allonger et dormir. Dans la nuit, elle s'était réveillée brusquement dans une mare de sang. Horrifiée, elle avait réveillé August. Il avait failli perdre connaissance. Que faire au milieu de la nuit ? Ils s'étaient concertés, s'étaient mutuellement encouragés et avaient jugé bon d'attendre le petit matin pour alerter Louis Moilliet, leur ami peintre qui les accompagnait. Ce dernier avait couru au bureau de poste, consulté l'annuaire pour trouver l'adresse d'une maternité. Il s'y était rendu à toute allure, avait réussi dans son suisse français à convaincre le médecin en chef de se rendre à l'hôtel au secours de la pauvre étrangère.

Elisabeth s'applique au point plumetis. Encore un dessin à rembourrer et elle devra changer de couleur, passer du bleu au rouge. Un sourire imperceptible éclaire son visage.

Au grand jour, la chambre s'était avérée plus miteuse encore. Quel médecin s'aventurerait jusque là ? s'était-elle demandé. Une heure plus tard, elle avait eu la réponse. Louis était entré dans la chambre, lui avait présenté une carte de visite où était inscrit : « Dr. Lequeux, ancien interne des hôpitaux de Paris, 11, quai Voltaire ». Un homme distingué, très soigné et habillé élégamment était entré. Ce qui l'avait frappée, c'étaient ses mains aux longs doigts effilés. August, dans son français imparfait lui avait fait part de leurs inquiétudes. Puis il était sorti de la pièce et le docteur l'avait auscultée. Son français à elle était des plus rudimentaires. Elle avait tendu l'oreille et cru comprendre qu'une perte de sang ne signifiait pas obligatoirement une fausse couche.

« Il vous faut du calme et du repos ! Venez dans ma clinique ! Votre mari va être d'accord ! » avait déclaré le docteur.

Elisabeth se souviendrait toute sa vie de son séjour à la maison de chirurgie de l'Observatoire, 3, rue Méchain. Elle se revoit dans sa chambre claire, aux hauts plafonds avec au-dessus de la cheminée, un grand miroir où se reflétait le lit. Près de la fenêtre, deux fauteuils et une table basse invitaient à la détente et la conversation. Elle s'était installée dans le lit et très vite, des infirmières aux cheveux bouclés, au visage juvénile mais portant des chaussures à talon aiguille avaient défilé, curieuses de découvrir la nouvelle patiente étrangère.

« Vous êtes Espagnole ? » lui avait demandé la première.

« Vous êtes Italienne ? » lui avait demandé la seconde.

« Vous êtes Anglaise ? » lui avait demandé la troisième. Les nationalités avaient ainsi défilé, aucune n'avait deviné qu'elle était Allemande.

Le matin, une hôtesse charmante, coiffée avec soin, changeant de toilette chaque jour, s'enquérait de sa santé en lui tendant une main bijoutée. Tout était léger, aérien, primesautier. Elisabeth en aurait presque oublié qu'elle séjournait à l'hôpital. Elle l'aurait presque oublié si un jour, l'argent n'était venu à manquer. Que faire ?

Elisabeth fait un nœud sur l'envers du tissu, saisit les ciseaux posés sur la table, coupe le fil restant. Elle prépare une aiguillée de fil rouge, s'applique au point de sable. Oui, que faire ? August et elle s'étaient installés dans les fauteuils près de la fenêtre.

« Et si nous écrivions à ton frère ? » avait suggéré August. Tout en formulant la lettre, ils ne doutaient pas qu'ils seraient la risée de toute la famille. Quelle n'avait pas été la surprise d'Elisabeth quand quelques jours plus tard, August était entré en trombe dans sa chambre :

« Tu as le bonjour...devine de qui ? »

Elle avait secoué la tête.

« De Walter ! Et... il est ici ! »

« Oh !... » avait-elle lancé, saisie par la frayeur. Mais déjà, Walter entrait, un bouquet de roses à la main.

« Qu'est-ce que tu nous joues comme sale tour ? » s'était-il empressé de demander. Elle lui avait tout raconté.

La journée, les trois hommes visitaient des musées, flânaient sur les boulevards, s'attardaient autour d'une tasse de café. Le soir, ils lui racontaient avec force détail leurs escapades parisiennes. Elle n'avait maintenant plus qu'une envie, sortir de l'hôpital et partir à la conquête de Paris.

Entretemps, August avait trouvé une chambre dans une pension tranquille, rue de l'Observatoire. Elle donnait sur un jardin arboré où de jeunes gens sarclaient, bêchaient, plantaient, arrosaient dans un silence impressionnant. Ils apprendraient plus tard que c'était le jardin d'un institut pour sourds-muets.

Le dernier quart d'heure de broderie, se dit Elisabeth en pensant déjà au dîner. Pour se délasser, elle ébauche la bordure au point de feston.

Quelle n'avait pas été sa joie lorsqu'elle s'était retrouvée dans les allées du jardin du Luxembourg, par un bel après-midi d'automne ! Le docteur Lequeux lui avait souhaité bonne chance, ce qu'elle craignait tant ne s'était pas produit, elle avait gardé le bébé ! Désormais, elle pouvait s'adonner à la visite des musées. Elle était allée au Louvre, au musée Carnavalet, au musée de Cluny. Combien de temps était-elle restée devant la Dame à la licorne ? Subjuguée, elle n'avait pu en détacher son regard.

Rue Auguste – son mari ne manquait jamais de faire la plaisanterie : « Nous passons par ma rue ! », rue Auguste donc, il y avait une chapellerie devant laquelle le couple passait tous les jours. August avait repéré un chapeau en vitrine qu'il convoitait à chaque passage. Elisabeth n'avait pas résisté : elle lui en avait fait cadeau. Depuis, le couvre-chef ne l'avait plus quitté.

Il avait acheté du papier, s'était remis à la peinture. Des décennies plus tard, elle regarderait toujours avec attendrissement cet autoportrait au chapeau, souvenir de jours heureux dans la capitale française.

Un soir, dégustant un verre de vin et des marrons glacés, ils avaient lancé :

« Et si nous restions à Paris ? » L'idée leur était venue d'un commun accord. Elisabeth se revoit montant les escaliers sombres et raides menant à des appartements en piteux état, sans véritable cuisine. Et quand ils avaient osé demander le prix, ils avaient intérieurement rapidement fait le calcul : pour la même somme, ils auraient un petit palais en Allemagne. Ils en étaient là de leurs réflexions quand une lettre de leur ami Wilhelm Schmidtbonn leur était arrivée. Il les invitait à le rejoindre au bord du lac Tegernsee où l'arrière-saison est douce, l'hiver ensoleillé et lumineux. August n'avait pas hésité une seconde. Ils allaient rentrer.

Elisabeth déploie la broderie, la contemple quelques secondes. « J'ai bien avancé ! » se dit-elle. Elle se lève, se dirige vers la fenêtre, contemple les reflets irisés du scintillement des vaguelettes au soleil d'automne. « Nous sommes bien ici ! » se réjouit-elle en se dirigeant vers la cuisine.

Walter naît le 13 avril 1910.

Wolfgang naît le 1er février 1913.

8 août 1914

Elisabeth a rangé son ouvrage, refermé la boîte de couture, remisé le livre sur l'étagère. Elle ne porte plus de châle sur ses épaules. Elle se tient sur le pas de la porte dans une robe de lin blanc avec sur le devant un tablier orné de motifs géométriques. Elle met la main en visière pour se protéger des rayons du soleil qui darde à son zénith. Walter et le petit Wolfgang, en équilibre instable sur ses pieds, s'agrippent à ses jupons. August s'approche d'elle, la serre dans ses bras. Il porte l'uniforme du régiment d'infanterie n° 160. Le départ pour le front en Champagne est imminent.

Ils se regardent une fraction de seconde, s'étreignent, comme s'ils s'écrasaient l'un contre l'autre. Puis August relâche l'étreinte et très vite s'éloigne.

D'un bond, elle s'élance, Wolfgang trébuche, mais elle en a que faire. Elle rattrape August, l'empoigne par le bras.

« Est-ce que tu peux siffler ? » lui demande-t-elle dans un souffle. Elle n'a pas réfléchi, cela lui est sorti de la bouche. Si c'est la dernière image de lui, si c'est la dernière image à laquelle elle pourra se raccrocher au cas où…, il faut que ce soit celle-là, celle d'August sifflant leur signal de ralliement, un petit sifflement en trois notes qu'il entonne depuis toujours pour signaler sa présence, sa gaieté et sa bonne humeur. Une fois, dans la foule à Paris, ils s'étaient perdus. Au détour d'une rue, elle avait entendu les trois notes, et aussitôt elle avait su, August est là, près de moi, je n'ai rien à craindre.

Il la regarde, entonne les trois notes, la serre à nouveau dans ses bras. Il a assez tardé, il doit partir, faire fi de la douleur qui tétanise sa poitrine.

Il s'éloigne.

Lorsqu'elle revient vers la maison, une émotion au-delà des mots, au-delà de l'humain, dilate tout son corps, elle n'a jamais connu une émotion d'une telle intensité, ce qu'elle ressent est d'avant le langage, elle en a le souffle coupé. Mais très vite, elle est ramenée à la réalité. Wolfgang pleurniche sur le pas de la porte. Elle le prend dans ses bras, rentre dans sa demeure.

Le 27 septembre 1914, August Macke tombe au front à Perthes-lès-Hurlus. Dans la fleur de sa jeunesse, à l'âge de vingt-sept ans.

Elisabeth a la vie devant elle.

Elle relègue couture et broderie au fond de son armoire.

Elle s'adonne désormais à une tâche immense.

Elle n'aura de cesse de trier, cataloguer, recopier, dater, mettre à l'abri car oui, il faudra cacher et protéger les œuvres de Macke lorsque celles-ci seront estampillées *art dégénéré*.

Elle inaugure des expositions. Elle rencontre Gabriele Münter et Maria Marc.

Elle réalise un rêve : se mettre à l'écriture de ses mémoires.

En pensée, elle ne quittera jamais son cher August, jusqu'à son dernier souffle, à l'âge de quatre-vingt-dix ans.

Au cimetière de Murnau

Sous un soleil de plomb, nous garons la voiture à l'entrée du cimetière, devant une maison richement fleurie comme le sont les maisons en Bavière. Nous entrons dans le cimetière, un peu perdus. J'accoste un homme d'un certain âge, un autochtone, me dis-je.

« Pourriez-vous m'indiquer la tombe de Gabriele Münter ? » Un large sourire éclaire son visage, il se réjouit de pouvoir répondre à la question.

« Vous passez devant l'église, tournez à gauche. Au fond, sur votre droite, il y a des marches. Vous en montez huit et vous verrez, vous serez devant la tombe de Gabriele Münter! » Il suffit donc de suivre les indications et en effet, quelques minutes plus tard, nous nous trouvons devant la tombe de Gabriele Münter et Johannes Eichner. Une vive émotion me saisit.

En Allemagne, la tradition veut que chaque tombe soit comme un jardin en miniature que l'on plante à son goût ou à celui du défunt. Celle de Gabriele Münter n'échappe pas à la règle. Un tapis de bégonias dans des nuances roses et orangées. Surplombant cet espace, une pierre tombale auréolée de lierre sur laquelle sont gravées en lettres blanches :

GABRIELE MÜNTER
1877 – 1962
JOHANNES EICHNER

DR. PHIL
1886 – 1958

La vue est dégagée. Dans l'axe de la tombe, on distingue dans le lointain la maison des Russes, les toits de Murnau, les montagnes environnantes. Ainsi, l'artiste ne s'est guère éloignée de ce qui fut son pied-à-terre et son refuge. Comme si sa maison continuait à la protéger de ses murs bienveillants.

Nous continuons notre pérégrination dans ce cimetière parfaitement entretenu où chaque tombe est un ravissement. Un peu plus loin, dans la partie pentue, j'aperçois un homme à casquette américaine prenant une tombe en photo avec son portable. Y aurait-il une autre personne illustre dans ce cimetière ? Ma curiosité me fait entrer en conversation avec lui.

« Non, non, pas du tout, je prends la tombe en photo pour mes enfants, afin qu'ils voient que je m'en occupe bien ! »

J'évoque notre visite à celle de Gabriele Münter.

« Ah ! Dans ce cas, je peux vous raconter une histoire ! Vous voyez ce nom sur la pierre tombale : *Pauline Beier*. C'est la mère de ma compagne. Mais ce n'est pas seulement la mère de ma compagne. Elle tenait une librairie papeterie à Murnau. Et Gabriele Münter y venait souvent. L'artiste était très pauvre et proposait ses tableaux en guise de paiement. Mais cette Pauline n'en voulait pas ! Elle disait : gardez-les pour vous ! Vous imaginez combien la famille serait riche aujourd'hui ! » L'homme soulève sa casquette, la remet en place en hochant la tête.

« La tombe de Gabriele Münter est très bien entretenue. Quand je pense à celle d'Albert Camus à Lourmarin envahie par les herbes folles ! » dis-je tout en formulant en pensée que les herbes folles ont leur charme également.

« Oh mais Madame, cela n'a pas toujours été le cas. La tombe était complètement abandonnée. C'est justement cette Pauline Baier qui s'est insurgée auprès de la mairie, ce qui a donné lieu à des articles dans la presse à l'époque. Depuis, la municipalité s'en charge. »

Sous le soleil bavarois, nous évoquons les charmes de la Côte d'Azur où ce monsieur a séjourné. La conversation va bon train. Nous nous quittons, enthousiasmés par l'échange inopiné.

Nous nous dirigeons vers la sortie. Je tombe en arrêt devant un monument funéraire imposant serti de roses folâtres en pleine floraison. Au centre de la pierre, dans un médaillon ovale est inscrite en arabesques la devise suivante :

Uns gaben die Götter auf Erden Elysium.

Sur terre, les dieux nous donnèrent l'Elysée.

Des gens heureux sur terre et qui l'affirment haut et fort pour l'éternité, cela réchauffe le cœur. On aimerait les avoir rencontrés eux aussi.

Le petit déjeuner des oiseaux

Gabriele s'est installée à la fenêtre, à sa place préférée. Sur la table, elle a posé la cafetière à sa gauche, un morceau de gâteau sur une assiette à sa droite. Devant elle, une feuille de papier, un crayon qu'elle taille comme un rituel avant de commencer à écrire. Ce petit coin de table, c'est sa thébaïde.

Elle cherche la première phrase, celle qui entraînera les autres dans son sillage. Elle se donne du temps, rien ne presse. Elle sait qu'elle ne peut rien forcer, que cette première phrase, elle adviendra lorsqu'elle adviendra, qu'elle s'imposera d'elle-même. Elle est toute dans l'attente, dans l'accueil, dans ce moment présent. Elle a laissé derrière elle les bruits du dehors, le martèlement des bottes sur le sol, les slogans anti-juifs que l'on crie à tout-va.

C'est le mois de décembre. Il a neigé la nuit dernière. Sur les branches des arbres, une couche de neige comme un duvet ouaté. Çà et là un oiseau percheur qui brave le froid.

Il faudra que je leur donne quelques graines, se dit-elle.

Elle reste immobile, n'osant faire le moindre mouvement. Il chasserait les mésanges, ses fidèles compagnes hivernales. Dans le silence feutré de la maison, elle ressent comme une invite à laisser vagabonder ses pensées, à revenir sur ce qui a été, un passé si lointain déjà et qui pourtant ne cesse d'accaparer sa mémoire.

Cela fait presque vingt ans de cela. Sur le quai de la gare à Stockholm. Le 16 mars 1916. Elle s'en souvient comme si c'était hier. C'était un jeudi, il n'était pas encore sept heures du matin. Il faisait froid, on se serait dit au cœur de l'hiver. Kandinsky se tient droit, ôte son chapeau pour la serrer dans ses bras. De cette étreinte, elle garde le souvenir d'un au revoir, pas d'un adieu.

Un jour auparavant, ils étaient allés chez le photographe. Que voulaient-ils immortaliser ? Kandinsky avec un chapeau noir et un nœud papillon, elle avec un chapeau en hermine blanche. Il garde les mains dans son manteau, elle, les bras baissés, tient un manchon de fourrure entre les mains. Leur regard se perd dans le lointain, comme s'ils fixaient un horizon où le bonheur n'aurait plus sa place.

Lorsque le sifflet à vapeur avait annoncé l'approche de la locomotive, Kandinsky avait saisi ses mains, sourit et dit :

« J'accorde beaucoup d'importance à mon indépendance. Mais je ne la perdrai pas nécessairement lorsque je reviendrai en juillet et apporterai les documents pour le mariage. »

Gabriele avait repris sa respiration et répondu en pesant ses mots :

« Je t'attendrai. »

Ils parlent de choses et d'autres, évoquent encore une fois l'exposition chez Gummeson. Le silence entre eux puis :

« C'est donc d'accord ? » répète-t-elle alors que le train entre en gare et que l'heure des adieux a sonné.

« Tu reviens en juillet ? » lui demande-t-elle.

« Oui, bien sûr ! »

Ils s'embrassent une dernière fois. Elle aurait aimé que cet enlacement dure une éternité. Pouvait-elle le croire sur parole ?

Kandinsky saisit sa valise, monte dans le compartiment. Il baisse la vitre, elle lui serre les mains. Un chuintement de vapeur, déjà le train s'élance. Elle recule. La tête lui tourne. Une douleur lui tord le ventre. Les derniers wagons s'éloignent.

Elle ne l'a jamais revu. Un an plus tard, elle apprendra qu'il s'est marié, à Moscou. Que s'est-il passé ? Sur ce pourquoi, elle voudrait enfin mettre des mots, prendre à bras le corps le sentiment d'abandon, lui tordre le cou. Elle ne s'en est jamais vraiment remise. Il faudrait être d'une autre nature, se dit-elle.

« Le froid de l'hiver, c'est le froid de mon cœur » écrit-elle sur la page blanche.

Robe « réforme »

Kandinsky aime voir Gabriele bien habillée. C'est en noir qu'il la préfère. Elle crée elle-même certains modèles, n'hésitant pas à se lancer dans des coupes compliquées avec fronces, falbalas, mélange des matières : laine, velours et taffetas. Elle coud même quelques-unes de ses tenues.

J'observe Gabriele sur les photos, m'attarde sur sa garde-robe. Les robes qu'elle porte ont une coupe savamment étudiée, voire même recherchée. Et pourtant à la contempler sur ces photos, une question insidieuse surgit : habite-t-elle ses robes ? Les porte-t-elle comme une deuxième peau ? Le doute me saisit, comme un sentiment d'étrangeté entre le visage qu'elle offre au photographe et le corps habillé. Gabriele n'est pas une élégante, il lui manque le port altier, le regard qui défie le monde. Le tout consiste dans le rien et c'est ce rien qui fait le tout, ce rien qui lui fait cruellement défaut. Quoi qu'elle porte, la tristesse du visage, la mélancolie sous-jacente jettent comme une ombre sur la tenue sophistiquée.

Je me perds dans des questions qui restent sans réponse. A-t-elle aimé s'habiller ? Ou bien l'a-t-elle fait uniquement pour répondre à l'injonction de Kandinsky ? Lui toujours impeccable dans ses costumes de flanelle, ayant fait de l'art de s'habiller un art à part entière. Chez Gabriele, il reste toujours un je ne sais quoi de brouillon, quoi qu'elle fasse.

Les deux artistes sont dans l'air du temps. En ce début de XXe siècle, le mouvement *Lebensreform*, réforme de la vie, prône en Allemagne et en Suisse une nouvelle conception de la vie pour contrer l'industrialisation et l'urbanisation et ce dans différents domaines. Déjà à l'époque, ce mouvement préconise une nourriture saine, de préférence un régime végétarien ou végan, une médecine alternative, l'homéopathie et la naturothérapie, une culture corporelle enjoignant un naturisme dénué de tout érotisme. Se dévêtir pour profiter d'un bain rafraîchissant au bord d'un lac ou d'une rivière, pratiquer des exercices physiques dans le plus simple appareil. Et quand malgré tout, il faut se vêtir, alors privilégier la laine ou le coton. Libérer le corps des femmes du corset qui les étreint.

En 1904, Kandinsky crée pour Gabriele une robe « réforme » qui laisse au corps la liberté de mouvement. Une robe à la coupe très particulière avec un corsage en taffetas pourvu de manches longues bouffantes aux poignets qui est placé très haut au-dessus de la poitrine, une jupe de laine fluide qui s'évase légèrement dans le bas en formant de petits godets. Ce qui fait l'originalité de la robe, ce sont trois médaillons posés à hauteur de poitrine. Kandinsky s'est inspiré de l'Art nouveau pour en dessiner les motifs. Ces mêmes motifs que l'on retrouve sur une pochette brodée fixée à la robe par deux languettes sur le côté. Selon l'envie du jour, Gabriele pouvait porter cette pochette fixée à la robe ou au bras à la manière d'un sac à main.

Dans cette robe, elle pose pour la photo dans le salon de l'appartement munichois. Sur la tête, elle est affublée d'un chapeau aux formes ondulantes. Elle semble quelque peu empruntée dans cette tenue comme si l'absence de corset ne libérait son corps en aucune façon. Je la sens dans l'attente, mais l'attente de quoi ? A quelle occasion a-t-elle porté cette robe ? Le bas de la jupe forme comme une traîne. Si le corps est libéré, les pieds s'empêtrent dans l'étoffe à chaque pas.

Une robe pour poser et non pour marcher. Encore moins pour faire de la bicyclette comme elle le fait en pionnière pour son époque.

Au mur du salon, au-dessus du sofa, elle a accroché une tenture murale qu'elle a elle-même réalisée : *pommier avec étoile filante*. J'imagine Gabriele brodant cette étoile filante et je la vois formuler un vœu, dans la fulgurance de l'évidence : que leurs fiançailles secrètes cessent de rester dans l'ombre, qu'elles entrent dans la lumière.

Gabriele et Nina

La guerre est finie. Munich n'était qu'un tas de ruines, un amoncellement de gravats dégageant une odeur pestilentielle et parmi ces débris, des hordes de gens manifestant contre la faim. A partir de la réforme monétaire de 1948, un vent nouveau souffle sur la ville, l'heure est à la reconstruction, à la vie qui reprend ses droits, à la culture qui s'affirme à nouveau haut et fort. Il faut oublier les atrocités en tous genres, les dérives artistiques qui ont banni de la scène les peintres les plus en vue de l'époque, faisant d'eux des *dégénérés*. L'heure est à la réhabilitation, à la reconnaissance des courants et des mouvances.

En 1949, une rétrospective sur le Cavalier bleu est organisée à la maison des Arts, dans cette même bâtisse où en 1937 était glorifié l'art officiel allemand en lice contre l'art moderne. Gabriele n'en revient pas : elle vient de recevoir une lettre d'invitation de Ludwig Grote la nommant membre du comité d'honneur. Jamais elle n'aurait cru vivre un tel moment, jamais elle n'aurait cru que les œuvres du Cavalier bleu suscitent à nouveau un quelconque intérêt. Elle menait une vie calme et ordonnée dans sa maison de Murnau aux côtés de son compagnon Johannes Eichner. Elle peignant fleurs et fruits, lui déchiffrant des lettres de Kandinsky en vue de la rédaction d'un livre sur le Cavalier bleu ou sur le couple Münter

Kandinsky, il ne savait pas encore quelle tournure prendrait le cours de ses recherches.

Cette invitation. Le 3 septembre 1949. Gabriele a 72 ans. Elle ne dit rien, mais n'en pense pas moins. Seules neuf de ses œuvres sont exposées. La part belle est faite aux artistes hommes, ils se nomment Kandinsky, Klee, Kubin, Macke et Marc. Elle a décidé d'arriver en avance, avant les discours officiels. Circuler d'une salle à l'autre, prendre son temps, se souvenir. Pour l'occasion, elle porte une robe claire à la coupe toute simple avec la veste assortie, juste un collier de perles d'ivoire par coquetterie et sur la tête, un chapeau en forme de champignon. Passer inaperçue constitue un adage qui lui convient tout à fait.

Cette profusion de couleurs, des couleurs primaires : du bleu, du jaune, du vert, du rouge. Tous ces tableaux d'avant le temps des guerres, elle est saisie d'effroi rien que d'y repenser : une Première Guerre mondiale, puis une Seconde, elle est encore là et elle n'en revient pas qu'il en soit ainsi. Et ces tableaux réunis comme ils ne l'ont jamais été, elle les embrasse du regard.

C'est sur l'un des siens qu'elle s'attarde en premier : *Homme dans un fauteuil*. Elle se souvient. Paul Klee était venu en visite de voisinage avec sa femme Lily. Il portait un pantalon blanc, s'était assis dans son grand fauteuil. Et d'emblée, elle l'avait perçu de façon toute picturale, assimilé à la pièce et la pièce faisant corps avec lui. Elle s'était emparée de son matériel de peinture, un trait avait entraîné l'autre, la composition s'imposait d'elle-même. Ces moments de création sans aucune forme de préméditation étaient rares et magiques. Précieux aussi.

C'est pourquoi elle aime retrouver cette toile et revivre ce moment.

Elle passe devant les œuvres de Franz Marc. Lui reviennent en mémoire ces soirées animées où Kandinsky et Marc s'emballaient sur leur vision de l'art. Le Cavalier bleu prônerait la fusion de tous les arts, il abolirait les frontières géographiques et temporelles, il ferait fi de toute forme de hiérarchie. Les arts populaires y trouveraient leur place au même titre que les arts savants.

Il y a là *Cerfs dans la forêt*, *Chevreuil dans le jardin du monastère* et *Cheval bleu I*. Mais la toile qui retient son attention, c'est *Le rêve* où l'on voit une femme nue flanquée d'un lion jaune et de chevaux bleus. La femme nue communie avec les bêtes et la nature dans une forme de fusion cosmique. Mais cette fusion n'exclut nullement une tension, comme une menace sous-jacente. C'est l'expression de cette tension qui la laisse rivée à la toile.

Moment de repos et de détente devant les toiles d'August Macke. Ah ! Ce *Portrait avec pommes*, Macke avait peint sa femme Elisabeth dans la fleur de sa jeunesse, elle tient une coupelle de fruits entre ses mains, était-elle déjà enceinte de son premier fils Walter ? se demande Gabriele. Si elle ne l'était pas, elle ne tarderait pas à l'être.

Gabriele s'arrête devant *Trois jeunes filles avec des chapeaux de paille jaunes* lorsqu'elle sent une présence derrière elle. Elle se retourne et quelle n'est pas sa surprise ! Maria Marc et Elisabeth Macke se tiennent là, prêtes à la saluer. Maria a 73 ans, Elisabeth 61. Veuves toutes les deux, n'ayant de cesse de promouvoir l'œuvre de leur mari respectif. Cela fait des années qu'elles ne se sont pas vues et elles se tiennent là devant la toile de Macke, jeunes filles, elles l'ont été et maintenant, elles défient le temps qui a passé et laissé des traces indélébiles dans leur vie et sur les traits de leur visage.

« Il est temps de rejoindre les officiels » déclare Elisabeth d'une voix enjouée et d'un même pas, les trois femmes chapeautées se dirigent vers la salle de réception. Mais leur avancée est stoppée par un mouvement de foule. On fait de la place à une femme qui vient d'arriver et que certains semblent déjà connaître. « Une élégante » se dit Gabriele. La femme, dans la maturité de la cinquantaine, se tient droite avec un port de tête altier qui tient à se faire remarquer. Tout de noir vêtue, elle porte de longs gants en cuir fin et en guise de couvre-chef une toque de tulle blanc posé de biais sur sa chevelure noire, laissant poindre à chaque oreille une perle aux reflets changeants. Elle a l'assurance de la veuve, de l'héritière, de celle qui porte UN nom. Nina Kandinsky.

Gabriele sursaute. C'est la première fois qu'elle la rencontre. A la table de réception, les deux femmes sont placées côte à côte. Johannes Eichner s'empresse de se placer entre elles pour éviter toute animosité. Gabriele reste de glace. Nina, dans un mouvement gracieux, se penche vers elle : « *Quand vous viendrez à Paris, je me réjouirais de vous accueillir chez nous. Ce serait sûrement intéressant pour vous de voir les œuvres de Kandinsky de l'époque parisienne.* » Et Gabriele de répondre, laconique : « *Je ne voyage jamais.* »

Le soir, dans son journal intime, elle se contentera d'une notice des plus brèves : « *Madame Grote m'a offert des œillets rouges. Madame Kandinsky polie. On a prié Eichner de s'asseoir entre Madame K. et moi-même.* »

La Penseuse

Il y a le Penseur de Rodin, un homme nu, musclé, qui médite et semble faire face à un dilemme. C'est le corps et l'esprit qui sont impliqués dans cet exercice de la pensée. Ribera peint Saint-Jérôme, Velasquez Saint-Thomas en hommes plongés dans leurs songes. Mais une Penseuse ? La Penseuse existe-t-elle ? Bien sûr, dans la mythologie grecque, Athena incarne la déesse de la Guerre, de la Pensée, des Armes et de la Sagesse. Elle est représentée drapée et armée d'une lance. Si elle est revêtue d'attributs guerriers, c'est que la sagesse implique que la cité soit protégée non seulement spirituellement mais aussi physiquement.

Des liseuses et des couseuses peuplent l'univers de la peinture. Les liseuses de Monet, de Renoir, de Corot, de Vermeer ont fait le tour du monde. Les couseuses de Valloton, de Morisot, de Gauguin, de Hopper restent à tout jamais concentrées sur leur ouvrage. Sur de multiples tableaux, Elisabeth Macke est représentée tantôt liseuse, tantôt couseuse, jamais penseuse.

Gabriele peint deux tableaux qu'elle titre *Sinnende*. *Sinnende*, cette formation adverbiale au féminin peut se traduire par celle qui pense, celle qui médite, celle qui réfléchit. *Sinnende*, c'est tout cela à la fois. Ce vocable concentre en lui-même l'essence même des choses.

Alors pourquoi pas la Penseuse ?

La première, elle la peint en 1917. Elle se trouve à Stockholm depuis deux ans, fuyant les tourments de la guerre. Kandinsky l'a quittée en mars 1916, depuis elle n'a plus de nouvelles. Elle se retrouve donc seule comme elle le sera à maintes reprises dans sa vie. La solitude affûte son esprit, elle s'organise, elle ose frapper aux portes en vue d'expositions à venir, mais dans son for intérieur, elle se sent incertaine, abandonnée, sans ressources. Elle ne peut imaginer une vie sans homme à ses côtés. La jeune fille téméraire qui à vingt ans parcourait les Etats-Unis avec sa sœur Emmy a laissé place à une femme en quête d'épaule protectrice.

C'est une jeune Suédoise d'origine juive, Gertrude Holz, qui lui sert de modèle. Elle fait d'elle un portrait en buste dans un format à l'italienne. Près d'elle, posée sur une table, une nature morte avec des pommes dans une coupelle, une lampe d'agrément, et en arrière-plan, un bouquet, un fauteuil et une fenêtre dont une partie est dissimulée par des rideaux. Un intérieur qui de par sa composition n'est pas sans rappeler ceux de Matisse.

Mais ce qui frappe, c'est le visage de la femme parfaitement travaillé. Elle est plongée dans ses pensées, hors du champ de celui qui pourrait l'observer. Des pensées qui n'ont rien de la tourmente, des pensées où l'âme et le regard se rejoignent sur le chemin de la sérénité. Elle a de curieux doigts, deux exactement, recourbés sur la bouche, rien ne doit s'en échapper.

Le tableau baigne dans des couleurs sombres, du rouge, du vert, du violet, des couleurs qui mettent d'autant plus en valeur ce visage délicat qui interroge sans nous regarder.

La seconde, elle la peint en 1928. Cette fois, c'est une femme de profil assise sur une chaise en bois au dossier arrondi. Son visage est tourné vers nous sans nous fixer. Elle porte une jupe jaune paille et un pullover rose trémière dont les manches s'évasent en entonnoir. Des chaussures noires à petits talons. Gabriele a accentué les contours du pullover d'un trait noir appuyé. Aucune décoration en arrière-plan, juste trois bandes de couleur : une bande jaune curry, une rouge bordeaux et une plus large de couleur gris perle. L'ensemble sobre et épuré établit une distance entre cette femme et le spectateur, elle n'est pas objet du regard mais sujet du tableau, pleinement sujet.

Gabriele se trouve à Murnau, seule dans sa maison. Quelques mois auparavant, elle a fait la connaissance de l'historien d'art Johannes Eichner, de neuf ans son cadet, et d'emblée, elle a pressenti que cet homme serait celui qu'elle recherchait, l'épaule sur laquelle elle pourrait enfin se reposer. Johannes Eichner se veut en tout point un conseiller. Il n'hésite pas à lui faire part de ses remarques concernant la peinture. L'idée qu'il s'en fait ne correspond pas à la conception de Gabriele. Il se mêle des moindres détails. Ainsi, le talon des chaussures sur le tableau, Gabriele les a dessinés trop menus, ils devraient être plus imposants, à l'image de la femme tout entière. Si Gabriele désire vendre, il faudrait que sa peinture soit moins austère, plus idyllique, plus décorative. C'est la première fois qu'elle se soumet à pareille critique. Elle garde à l'esprit les remarques de Kandinsky du temps de ses jeunes années. C'était à Kallmünz en 1903. Ce dernier lui avait déclaré : « *En tant qu'élève, je n'ai rien à t'apprendre, tu as tout en toi. La seule chose que je puisse faire pour toi, c'est de protéger ton talent et de le cultiver, qu'aucune fausse note ne vienne l'entraver. »*

Gabriele écoutera les remarques de Johannes Eichner, perdra pour quelque temps de son assurance puis partira à Paris en 1929, seule. Le temps de retrouver confiance en soi et une nouvelle inspiration, en compagnie de gens de sa trempe.

Gabriele et Berthe

Elles ne se ressemblent en rien, si ce n'est dans cette persévérance à peindre en dépit des circonstances, et de temps à autre ce manque de confiance et cette interrogation qui les saisit : suis-je bien à ma place ? Puis-je me dénommer peintre ? Femme et peintre ? Si j'ose les rapprocher, c'est parce que l'une sans le savoir a préparé la voie à l'autre, sans l'une, l'autre n'aurait pu parfaire sa formation à Paris et élargir son horizon artistique.

Gabriele naît à Berlin le 19 février 1877. Son père originaire de Herford en Westphalie avait jeune homme émigré aux Etats-Unis. C'est là-bas qu'il avait rencontré sa femme d'origine allemande elle aussi. Ils s'étaient mariés en 1857 dans le Tennessee et étaient rentrés à Berlin en 1864 où le père de Gabriele tenait alors un cabinet dentaire. Gabriele le perdra à l'âge de neuf ans, sa mère à l'âge de vingt ans, elle vient de commencer à suivre des cours de dessin à Düsseldorf. La perte de sa mère la pousse à entreprendre un voyage de deux ans aux Etats-Unis. En compagnie de sa sœur Emmy, elle part à la découverte de sa famille maternelle. Au fil des étapes, elle dessine le portrait de la parentèle qu'elle rencontre. Sa carrière de peintre n'a pas encore commencé.

Cette même année 1877, Berthe[2] a 36 ans. Elle participe à la troisième exposition impressionniste organisée par

---

2 Berthe Morisot (1841-1895)

Gustave Caillebotte. Elle présente douze œuvres : cinq tableaux, deux pastels, trois aquarelles et deux dessins. Ses huiles sont accrochées à côté d'un Renoir, *Bal du moulin de la Galette*. On note ses talents de coloriste, la fraîcheur de sa peinture, on regrette l'aspect inachevé de son œuvre. Quatre ans plus tard, à la sixième exposition impressionniste, son travail sera dorénavant comparé à celui de Fragonard et de Watteau.

Alors que l'une entrevoit la lumière du monde, l'autre s'affirme déjà au sein d'un cercle jusqu'alors exclusivement masculin, celui des peintres impressionnistes. Issue d'un milieu bourgeois, elle bénéficie dans sa jeunesse d'un enseignement artistique qui sied aux jeunes filles. Mais Berthe, contrairement à sa sœur Edma, désire plus, son ambition croissante, c'est de faire de la peinture son véritable métier. Elle pose pour Manet, devient sa muse. Elle poursuit sa propre carrière, encouragée par Manet et le cercle des impressionnistes qui gravitent autour de l'artiste : Pissaro, Degas, Renoir, Cézanne. Elle devient l'une des leurs. Elle ouvre la voie à d'autres femmes dans ce Paris de la fin du XIXe en ébullition intellectuelle et artistique.

Elle n'est pas la seule. Les artistes Mary Cassatt, Eva Gonzales, Marie Bracquemond et Marie Bashkirtseff s'adonnent à leur carrière avec assiduité. Cette dernière peint *l'Académie Julian* en 1881. Sur le tableau, de jeunes filles venues de toute l'Europe, voire même du continent américain s'affairent devant leur chevalet. Un jeune berger, le torse nu, les hanches ceintes d'une peau de mouton pose pour cette assemblée strictement féminine. L'Académie Julian à l'instar de l'Académie Colarossi offre à ces jeunes filles la possibilité de peindre des nus masculins, une première en Europe. En 1897, l'Ecole des Beaux-Arts s'ouvre aux femmes.

L'Allemagne n'offre alors à Gabriele que la perspective de cours privés et onéreux. En 1914, ces femmes peintres, un journaliste munichois les qualifiera dédaigneusement de *Malweiber*, ni plus ni moins bonnes femmes qui peignent. Ce terme on ne peut plus péjoratif est entré dans l'histoire de l'art de l'époque. Gabriele constitue une figure majeure de ce cénacle. En 1926, dans son journal, elle écrira :

« Aux yeux de beaucoup de gens, je n'étais qu'un ajout superflu de Kandinsky. On oublie volontiers qu'une femme puisse avoir son propre talent, un talent vrai, qu'elle puisse être une personne créatrice. »

A deux reprises, elle ne résiste pas à l'attraction qu'exerce la capitale française. La première fois, en 1906, elle part en compagnie de Kandinsky. La relation est houleuse, elle élit domicile, seule, dans une petite chambre rue Madame. Elle suit des cours à l'Académie Colarossi dénommée également Académie de la Grande Chaumière. Elle a 29 ans, elle découvre un nouvel espace de liberté, son talent de peintre s'affirme.

La deuxième fois, en 1929, elle part seule, laissant son nouveau compagnon, Johannes Eichner, à Berlin. Elle a 52 ans, la rupture avec Kandinsky, si elle s'inscrit désormais dans un temps lointain, a laissé des marques indélébiles. Elle est en quête de nouvelles impulsions et Paris lui en offre à chaque coin de rue. Elle peint comme une forcenée. Une nuit dans le métro, elle entrevoit une femme vêtue de rouge et noir, avec sur les épaules une élégante fourrure. Dès le lendemain matin, elle en fait le portrait sur la toile. Le 8 février 1930, elle visite l'exposition Cézanne et en ressort bouleversée. Le soir, elle examine sur la table de sa cuisine un couvert rouge vif dans un saladier blanc, un citron jaune vif dans une coupelle et ce qui n'étaient qu'objets et fruit se métamorphosent en nature morte dans l'immédiat de son imagination.

Cézanne, le contemporain de Berthe, aura une influence considérable sur les peintres du Cavalier bleu. Ainsi, les frontières géographiques s'affranchissent de l'espace et du temps.

Cette année 1930, l'artiste française a quitté ce monde depuis 35 ans déjà.

Ni l'une ni l'autre ne s'engagera dans une organisation féministe pour revendiquer ses droits. Elles peindront et l'acte de peindre constituera leur unique acte revendicatif.

Abstraction

Il porte le nom de Quéruel. C'est un fermier normand installé près de Giverny. Le dur labeur des champs constitue son pain quotidien, mais il ne se plaint pas. Il ne connaît que ce labeur. Tous les ans à la belle saison, au lieu-dit le clos Morin, il entasse en meules les gerbes de blé de sa récolte. Il renouvelle chaque jour des gestes ancestraux : sur une base circulaire, il tasse les gerbes en tronc de cône renversé puis il les surmonte d'un dôme conique. Enfin, il érige un toit de chaume pour protéger l'édifice des intempéries. La besogne accomplie, le paysan contemple ses mains calleuses. Il éprouve la satisfaction d'une tâche menée à bien. Ses meules auraient pu disparaître dans le cours du temps et des saisons. Fixées sur la toile, elles sont devenues immortelles.

Il porte le nom de Monet. Claude Monet. Le peintre habite à deux pas du clos Morin. Fasciné par les effets de lumière et d'atmosphère, il entame une série de tableaux des gerbiers de blé montés en meules. Il y en aura vingt-cinq au total commencés après la moisson de la fin de l'été 1890 jusqu'au début de l'année 1891. Monet désire à tout prix capter l'instant. Mais comment capter l'instant qui par essence même reste fugace, chaque seconde abolissant la précédente ? La lumière du matin, celle du soir, le soleil qui darde en été, celui qui enrobe en automne, le ciel voilé, les brouillards de l'hiver, la neige, la gelée blanche, imperceptiblement, de jour en jour, les meules s'affirment dans un ciel et un climat changeants. Mais s'agit-il bien des meules en tant que telles ? Ou par les meules l'affirmation d'une façon de peindre ? Un travail sur les nuances, sur les textures, sur les cadrages et points de vue sans cesse renouvelé.

Les meules sont un succès immédiat. Grâce aux gains encaissés, Monet pourra réaliser l'un de ses rêves, acquérir la propriété qui est sa muse, le domaine de Giverny.

Les tableaux voyagent de par le monde. En 1896, Moscou accueille une exposition impressionniste. Kandinsky a alors trente ans et est diplômé de droit. Lui qui ne connaissait que l'art réaliste russe fait une expérience singulière et déterminante devant l'une des toiles de Monet, *La meule au soleil*. Il ne reconnaît pas l'objet de la toile, ce qui provoque son courroux. Comment le peintre peut-il se permettre de peindre de façon aussi imprécise ? Mais peu à peu, le courroux initial se transforme en intérêt grandissant face à cette expérience inédite.

Dans *Regards sur le passé*, il écrira : « *Il me semble que sans le catalogue, il n'aurait pu être question de deviner qu'il s'agissait d'une meule de foin. Cette impression m'était désagréable (...), je sentais confusément que l'objet faisait défaut au tableau. Et pourtant, je remarquais avec étonnement et trouble que le tableau, non seulement vous empoignait, mais encore imprimait à la conscience une marque indélébile, et qu'aux moments les plus inattendus, on le voyait, avec ses moindres détails, flotter devant ses yeux.* » Et de conclure : « *Le peinture en reçut une force et un éclat fabuleux, mais inconsciemment aussi, l'objet en tant qu'élément indispensable du tableau en fut discrédité.* »

Cette même année 1896, Kandinsky refuse une chaire de professeur à l'université de Tartu et part s'installer en Allemagne, à Munich où il commence des études de peinture. En 1908, un soir de crépuscule naissant, l'artiste a alors 42 ans, il vit une seconde expérience singulière qu'il raconte dans *Regards sur le passé* :

« J'arrivais chez moi avec ma boîte de peinture après une étude, encore perdu dans mes rêves, lorsque je vis soudain un tableau d'une beauté indescriptible, imprégné d'une grande ardeur intérieure. Je restais d'abord interdit, puis je me dirigeais rapidement vers ce tableau mystérieux sur lequel je ne voyais que des formes et des couleurs et dont le sujet était incompréhensible. Je trouvai aussitôt le mot de l'énigme : c'était l'un de mes tableaux qui était appuyé au mur sur le côté. J'essayais le lendemain de retrouver à la lumière du jour l'impression éprouvée la veille devant ce tableau. Mais je n'y arrivai qu'à moitié : même sur le côté, je reconnaissais constamment les objets et il manquait la fine lumière du crépuscule. Maintenant, j'étais fixé, l'objet nuisait à mes tableaux. »

De longues années, Kandinsky ne sera taraudé que par une seule question : *« Qu'est-ce qui doit remplacer l'objet ? »* jusqu'au jour où d'elles-mêmes les formes s'imposeront et répondront aux couleurs. Il aura alors définitivement renoncé au figuratif.

Sanary-sur-mer

Gabriele avait pensé que ce serait une simple étape, un lieu de villégiature où elle séjournerait avec Johannes Eichner avant de repartir vers d'autres horizons. Mais là, à Sanary-sur-mer, un éblouissement a lieu qui n'est pas sans lui rappeler celui de Murnau vingt ans auparavant. Elle pourrait énoncer la même phrase qu'alors dans la ville bavaroise, Sanary, un lieu propice au travail, si ce n'est que les montagnes ont fait place à la mer et que les paysages qui s'offrent à elle la transplantent dans une ambiance maritime à mille lieues de ses origines. Nous sommes en septembre 1930, elle a 53 ans.

C'est la première fois qu'elle voyage avec son nouveau compagnon de neuf ans son cadet. Fin 1927, à la Saint-Sylvestre, ils s'étaient rencontrés à Berlin chez le peintre et graphiste Hermann Konnerth. Avec son air sérieux, correct et galant, Johannes Eichner avait attiré son attention. Pas de coup de foudre, mais au fil des mois, un échange amical s'était tissé entre eux. Ils avaient décidé de partir ensemble.

Annecy, Chamonix, Lyon, Avignon, Marseille, Toulon, tel est l'itinéraire qu'ils s'étaient fixé. Mais c'est à Sanary-sur-mer qu'ils posent bagages pour plus d'un mois. La luminosité automnale emballe Gabriele. Elle ne résiste pas à l'attrait de la palette. Vite, se procurer du matériel de peinture et pour cela retourner à Toulon où à leur premier passage, elle avait repéré une échoppe. Acheter des toiles, des pinceaux, des couleurs, du bleu surtout.

La lumière unique de la Méditerranée aspire et inspire les peintres. Vingt-cinq ans plus tôt, ceux qu'on appellera les Fauves avaient succombé aux couleurs incandescentes du bord de mer, de ce côté du Golfe, mais aussi de l'autre côté, à Collioure. Ils s'appellent Matisse, Derain, Camoin, Marquet, Manguin. Les couleurs pures et violentes de leurs toiles posées en aplat suscitent alors les propos acerbes des critiques d'art.

Peindre ce bord de mer, Gabriele ne l'a jamais fait. Elle cherche le meilleur angle de vue, elle sillonne les environs, monte à la chapelle Notre-Dame-de-Pitié sur une butte à l'ouest de la ville. De là, elle découvre la baie de Sanary avec à l'arrière-plan les collines de Toulon et la côte jusqu'à l'archipel des Embiez. Et puis, elle se ravise. Non, ce qu'elle peindra, c'est une vue de Sanary telle qu'elle la découvre du balcon de sa chambre avec sur la gauche la Tour romane, sur la droite, l'église Saint-Nazaire. Elle se plaît à étaler les nuances de bleu sur la toile, à procéder par touches de couleurs comme dans ses jeunes années. Sanary lui fait remonter le temps, lui donne un nouvel élan. Le port de Bandol, celui de Cassis, les plages, les palmiers, les cabanes sous les palmiers, autant de motifs qui l'enchantent et éveillent en elle le désir ardent de saisir le pinceau. Elle excelle à saisir l'ambiance du bord de mer, la nonchalance des jeunes gens accoudés contre un mur, désœuvrés, à l'ombre des palmiers ou celle des joueurs de pétanque sur un terrain sablonneux concentrés à l'art de leur jeu.

Mais dans l'effervescence qui l'envahit, elle ne peut faire abstraction d'une ombre qui plane sur ses tableaux.

Et cette ombre, c'est son compagnon qui la suscite par les paroles qu'il distille, les critiques à demi voilées qu'il formule. En fait, il désapprouve sa façon de peindre, pas assez réaliste à son goût. Il aimerait une peinture carte postale, l'exacte représentation de ce qui est réalité, une peinture qui plaise et qui charme. Elle ne peut s'y soumettre. Quelques années plus tard, elle lui écrira : « *Je veux peindre de façon spontanée, lorsque cela me saisit, de vraies, de bonnes toiles impulsives, sans avoir à me soucier d'un jugement. Qu'elles soient bonnes ou mauvaises, je le fais, un point, c'est tout et voilà !* »

Lorsque le couple replie bagages le 29 octobre 1930, il ne peut se douter que trois ans plus tard, en 1933, Sanary-sur-mer offrirait un lieu de refuge aux écrivains et artistes allemands fuyant le national-socialisme. Thomas Mann est le plus célèbre d'entre eux. Mais contrairement à Gabriele, tourmenté par la situation politique et sa condition d'exilé, il ne trouvera pas à Sanary l'inspiration créatrice. Assis sur la terrasse de la villa la Tranquille, vêtu d'une chemise et d'un pantalon de lin grège, espadrilles aux pieds, il médite sur la marche du monde.

Croix tombales à Kochel

Depuis une semaine, il neigeait. Une neige drue, compacte, qui s'agglutinait au sol, surlignait les branches des arbres, transformait le paysage en une féérie hivernale désacralisée par la moindre empreinte de pas. Gabriele Münter et Kandinsky sont en visite chez leurs amis musiciens Olga et Thomas von Hartmann à Kochel, une petite bourgade située à une quinzaine de kilomètres de Murnau. A l'instar des enfants, ils s'adonnent à des parties de luge où les glissades les entraînent dans des éclats de rire qui résonnent dans la vallée. Nous sommes en février 1909. Le couple vient de fonder la *Neue Künstlervereinigung München,* la Nouvelle Association des artistes munichois qui réunit en son sein des peintres de différentes nationalités.

Cette gaieté des parties de luge, Gabriele la transpose dans un lieu quelque peu insolite, le cimetière de Kochel blotti autour de l'église paroissiale Saint-Michel. Deux photos prises par Kandinsky en témoignent. Sur la première, Gabriele pose de face devant son chevalet. Emmitouflée dans un long manteau de laine qui lui descend jusqu'aux chevilles, la tête couverte d'un chapeau plat à revers, elle fixe la caméra, les doigts gantés tenant d'une main un crayon, de l'autre une feuille cartonnée. De la poche de son manteau dépasse un carnet de notes ou d'esquisses. Sur le chevalet est posée une toile dont on distingue l'ébauche de ce qui deviendra *Grabkreuze in Kochel, croix tombales à Kochel.* Une épaisse couche de neige recouvre les tombes, seules les croix en fer forgé émergent de la blancheur immaculée. Sur l'une d'entre elles, une couronne de branchages a été suspendue en guise de décoration hivernale en attendant la venue du printemps et les premières floraisons de perce-neige et de primevères.

Sur la deuxième, les croix occupent tout le premier plan. L'arrière-plan est délimité par le mur d'enceinte du cimetière, et c'est devant ce mur que l'on voit Gabriele de dos, le bras tendu vers le chevalet, en pleine action de peindre. Peindre en plein air, c'est ce que préconisait Kandinsky à l'école Phalanx.

Elle représente trois croix sur leur socle de pierre, deux autres enfoncées dans la neige, des croix stylisées qui comme un chant choral s'appellent et se répondent. Au pied de ces croix, le sol enneigé modulé par un jaune pâle reflétant le soleil d'hiver. Malgré les pieds transis dans ses chaussures et les doigts gourds sous ses gants de laine, elle a le geste vif. Dans un mouvement impétueux, au pied des croix, elle dessine des ombres bleu roi qui à la manière des arabesques fluidifient l'ensemble du tableau et lui confèrent une unité inattendue. Sur l'une des croix, elle ne manque pas de restituer la couronne de branchages dans des tons vert et ocre avec en reprise, une pointe de bleu. Elle recule de quelques pas, considère l'ensemble. A l'atelier, elle reviendra sur les détails, peaufinera les nuances de couleurs, se dit-elle.

Lorsqu'elle ôte la toile du chevalet et qu'elle replie le trépied, elle laisse vagabonder ses pensées. Ces morts sous ces tombes, quels secrets de famille ont-ils emportés, quelles querelles intestines ont-ils laissé se dissiper dans les ténèbres de la nuit ? Mais aussi ces moments de joie et de plénitude qui à tout jamais font partie de vies qui ne sont plus. Chaque croix témoigne d'une histoire évanouie pour toujours. L'image de son père lui revient en mémoire, vingt-cinq ans qu'il n'est plus, l'image de sa mère aussi, douze ans se sont écoulés. A l'âge de vingt ans, elle était orpheline de père et de mère, elle avait dû tracer sa route seule.

Gabriele longe le mur d'enceinte du cimetière, se dirige vers la sortie. Huit ans plus tard, elle reviendra en ce même lieu se recueillir devant une tombe ornée d'une imposante croix de fer forgé flanquée de deux massifs de buis. Le mort enterré là aura alors un visage connu et aimé, un ami du couple : le peintre Franz Marc. Tombé à Verdun en mars 1916, son corps sera rapatrié et inhumé à l'endroit où il avait passé des années fructueuses de sa vie, à Sindelsdorf et Kochel. Elle reviendra une seconde fois, beaucoup plus tard, au printemps 1955, avec à la main un bouquet de tulipes multicolores. Elle déposera le bouquet sur la tombe, se remémorant les moments de partage vécus avec Maria qui a rejoint Marc depuis janvier. Une image surgira alors : celle des trois amies réunies, Maria, Elisabeth et elle-même à l'exposition du Cavalier bleu en 1949. Et ces tulipes aux couleurs vives, c'est un peu de ce Cavalier bleu qu'elle dépose sur la tombe.

Javanaise

Elle détonne par son étrangeté et son exotisme dans le paysage alpin de montagnes et de lac encaissé. Et puis un corps nu, entièrement nu, un corps anguleux à la limite de la maigreur. Ce n'est pas un corps de femme, Gabriele ne peint pas de femmes nues, c'est un corps de fillette. L'artiste la place au premier plan, assise dans l'herbe au sommet d'une colline verdoyante qui contraste avec l'ocre uniforme de son corps. A l'arrière-plan, des massifs montagneux dans un nuancier de bleus, au creux des montagnes, la surface étale d'un lac où se reflète le bleu du ciel. La fillette a les jambes repliées sur la poitrine et de ses bras en couronne, elle les enserre, recroquevillée sur elle-même. Son visage dessiné de profil a le port altier des déesses égyptiennes. Sa chevelure noire de jais coupée au carré dissimule le front et les oreilles. Autour du cou, la fillette porte une pierre bleu azur à la manière d'un talisman. Elle recèle en elle un secret qu'elle ne saurait révéler à quiconque.

La fillette pourrait bouger la tête, déployer ses membres, se redresser. Elle garderait la tête basse. C'est Ernst Ludwig Kirchner qui la sculpte dans un bois de pin cembro en 1920. Gabriele en a-t-elle eu connaissance ? Une petite fille nue, mélancolique, les yeux rougis par le chagrin. Elle est là, le regard triste, les mains pendouillant sous la poitrine, une jambe légèrement pliée. Une frange de cheveux sagement peignés lui recouvre le front. C'est une petite fille, mais elle a les seins bien prononcés. Même la vulve de son sexe est offerte à tout va, sans aucune forme de protection. Elle attend la caresse bienveillante d'une mère sur ses joues, elle relèverait alors la tête, son visage s'éclairerait. Mais son corps enregistre une autre forme de caresse, une caresse inconnue et malotrue sur la vulve de son sexe. Cela a l'apparence d'une caresse, mais d'emblée, son corps sait que cette caresse-là n'est pas dans l'ordre des choses, cette caresse-là la souille et la rend sale. D'une caresse à l'autre, il y a un gouffre abyssal qu'elle mesure parfaitement, qu'elle sent intimement. Cette caresse-là, elle s'encapsule dans les labyrinthes de son cerveau, s'y incruste à la manière d'un mollusque, elle est indélicate et inconvenante. Le temps la fossilise.

La fillette devenue femme, Ernst Ludwig Kirchner la peint en 1910 : *Nue debout au chapeau*. Elle porte les atours d'une femme : boucles d'oreille, pendentif, bracelet. Sur la tête, un chapeau à larges bords qui lui couvre la chevelure. Un rouge vermillon rehausse les contours de ses lèvres. Aux pieds, des chaussons du même rouge. Elle aussi a les mains pendouillant sous la poitrine, dans un geste de protection dérisoire.

Ne pas la laisser en tenue d'Eve, indécise et désarmée. L'habiller au plus vite d'une robe vaporeuse, lui retirer ses chaussons rouges, lui passer une paire de sandales. Lui ôter son couvre-chef, libérer sa chevelure. Et la placer en haut de la colline, dans le paysage alpin de montagnes et de lac encaissé. Lentement, imperceptiblement, faire apparaître sur son visage un sourire venu des tréfonds de l'intérieur.

Kandinsky et Erma Bossi à table

« Je ne veux pas peindre de la musique.
Je ne veux pas peindre des états d'âme.
Je ne veux pas peindre avec des couleurs ou sans couleurs.
Je ne veux ni changer, ni combattre, ni renverser un seul point
dans l'harmonie des chefs-d'œuvre qui nous viennent du passé.
Je ne veux pas montrer la voie à l'avenir. »

déclare Kandinsky le bras droit levé, assis à la table dans la salle à manger de la maison de Murnau. Le café vient d'être servi dans un service de porcelaine bleu et blanc. Assise en bout de table, les avant-bras accoudés sur la surface plane, Erma Bossi est tout ouïe. Ancienne élève de l'école Phalanx, elle retrouve naturellement l'attitude de celle qui glane les paroles du professeur. D'origine italienne, artiste peintre elle aussi, elle a participé aux trois expositions de la Nouvelle Association des artistes munichois.

Kandinsky continue :

« Je souhaite uniquement peindre de bons tableaux néces-
saires et vivants, qui soient ressentis avec justesse au moins par
quelques personnes. »

Et d'ajouter :

« L'artiste ne travaille pas pour mériter des louanges ou de l'ad-
miration, ou pour éviter le blâme et la haine, mais en obéissant à
la voix qui lui commande avec autorité, à la voix qui est celle du
maître devant lequel il doit s'incliner, dont il est l'esclave. »

Gabriele se retire sur la pointe des pieds. Elle saisit une feuille volante, un crayon à papier, brosse l'esquisse de la scène. Ce qu'elle désire, c'est rendre au plus près l'intimité de ce moment fugitif où le temps semble être suspendu. Elle sait qu'il ne sera que de courte durée. D'un trait vif, elle fixe les éléments clés qui donneront l'essence de la toile. Au milieu de la pièce, la table recouverte d'une nappe blanche. Au centre du tableau, Kandinsky, à sa gauche, Erma Bossi. À sa droite, une chaise vide.

Gabriele aurait pu s'emparer de son appareil photo. Elle a privilégié la peinture, car ce qui lui importe à ce moment-là, ce n'est pas de faire le portrait exact d'Erma Bossi ou de Kandinsky, mais de redonner une impression fugace, que celui qui observe le tableau y soit, dans la salle à manger de Murnau.

Et il y est. Erma Bossi, représentée de profil, est vêtue sobrement d'un chemisier blanc et d'une longue jupe noire. Ni yeux ni bouche pour caractériser son visage, juste une ligne de contour. Car la personne principale, celle qui occupe le centre de la scène, c'est Kandinsky. Barbe fournie, lunettes et veste bleues, on le reconnaît d'office.

Et ses jambes qui apparaissent sous le dessous de la table. Il porte des jambières et des chaussures basses à lanières, les mêmes jambières, les mêmes chaussures qu'il porte sur une photo prise dans le jardin de la maison en 1910.

Avec Gabriele, ils avaient découvert les joies du jardinage. Ils s'étaient photographiés réciproquement devant la resserre, elle en *dirndl*, la robe bavaroise traditionnelle, tenant un râteau à la main, lui, le Russe, en costume bavarois, gilet de cuir et pantalon de peau jusqu'aux genoux, une bêche à la main. Et donc les jambières de laine rustique et les chaussures à lanières du tableau. Lui l'homme toujours élégamment habillé s'était converti à la mode bavaroise.

Des années plus tard, lorsque Gabriele redécouvrira le tableau, elle ne pourra s'empêcher de penser qu'avant la déception et l'amertume, il y avait eu des jours heureux à Murnau, des jours où les visiteurs qui passaient le pas de la porte, Erma Bossi, Alexej von Jawlensky, Marianne von Werefkin, Franz et Maria Marc, August et Elisabeth Macke, s'engageaient dans des discussions animées, enthousiastes et visionnaires avec le maître des lieux, que tout ce petit monde imaginait un art nouveau, dépoussiéré des scories du passé, un art qui ne connaîtrait « *ni peuple, ni frontière, mais la seule humanité* » selon les mots même de Kandinsky.

Copenhague

C'est une femme décidée, sûre d'elle que Gabriele a sous les yeux lorsqu'elle relève la tête. Une femme qui assise dans son fauteuil en osier fume la pipe nonchalamment, les yeux songeurs, fixés sur un point connu d'elle seule. Le bleu nuit de la robe, le rouge intense de la broche circulaire à la pointe de l'encolure, ce sont ses couleurs, se dit Gabriele. Alors elle saisit son pinceau et commence à peindre. Elle soigne le dessin des bras, le bras droit qui tient la pipe, le bras gauche accoudé sur le fauteuil avec la main qui soutient la tête. Elle hésite pour la couleur des yeux. Comment rendre ce bleu limpide, presque translucide ? Pour le fond de la toile, elle choisit un vert bleuté, un blanc grisé. Ce sera son premier tableau réalisé au Danemark, le portrait d'Anne Roslund, l'écrivaine chez qui elle a élu domicile pour quelque temps.

Nous sommes au début de l'année 1918. Après quatre ans passés à Stockholm, Gabriele est arrivée à Copenhague en novembre 1917. Elle n'a aucune nouvelle de Kandinsky. Peu avant Noël de cette année 1917, elle avait lancé un avis de recherche resté sans réponse. Il lui faudra attendre septembre 1918 pour recevoir un document signé de sa main prouvant qu'il était en vie. Ses tentatives pour en savoir plus resteront sans succès. Elle se sent abattue, démoralisée.

Cette femme émancipée qu'elle vient de peindre, elle aimerait que ce soit elle, une femme sans attaches qui se suffit à elle-même. Trop de souvenirs la lient à Kandinsky et cette promesse de mariage qu'il n'a pas tenu lui laisse un goût amer qui pèse de tout son poids sur ce qu'elle entreprend. Elle chasse de son esprit la scène de séparation à la gare de Stockholm, c'était le 16 mars 1916, sa main qui s'agite par la fenêtre du compartiment, la fumée de la locomotive, son chuintement et puis plus rien. Elle seule sur le quai...Elle portait en elle l'espoir d'un bonheur à venir.

Entreprendre, c'est la seule façon d'aller de l'avant. Anna Roslund l'encourage à organiser une exposition en mars. Qu'elle dessine elle-même l'affiche, cela lui changera les idées. Gabriele se souvient de la gravure sur bois qu'elle avait réalisée en 1913 pour l'affiche de sa première exposition à la galerie Sturm à Berlin. Elle avait alors choisi le motif de jeunes filles arrosant des plantes vertes. Mais là, à Copenhague, c'est dans un tout autre état d'esprit qu'elle aborde le projet.

Elle se demande quoi représenter, elle hésite. Lui revient en mémoire son tableau *Musique*, le violoniste au milieu de la pièce, la femme qui écoute, attentive, assise sur une chaise. C'est de cette ambiance nostalgique qu'elle désire s'inspirer. Elle dessine le musicien sur le côté droit de l'affiche, tout de noir vêtu. Que joue-t-il ? Un hymne à la joie, un hymne à la mort ? Elle ne saurait répondre à cette question. Sur le côté gauche, une femme assise, l'air mélancolique, les mains croisées sur les cuisses, comme absente à elle-même. Et au milieu, comme sur une île déserte, le petit chien en porcelaine au nez retroussé, objet fétiche de sa collection de Murnau, comme un clin d'œil à ce temps à tout jamais disparu.

Les souvenirs affluent à sa mémoire. Instinctivement, en arrière-plan, elle dessine un fleuve et sur le fleuve, un drakkar qui passe, à l'image de ces drakkars qu'elle avait brodés et ornés de perles à Tunis en 1905. Brrr ! Il faisait si froid dans la chambre d'hôtel...Et puis à flanc de montagne, une maison avec une cheminée d'où émanent des volutes de fumée, un havre de vie et de paix qui pourrait être le sien si Kandinsky se trouvait auprès d'elle. Il reste à inscrire son nom, *Gabriele Münter*, le lieu et la date de l'exposition : *Den Frie Udstilling, le 11 mars.*

L'exposition compte cent tableaux, vingt peintures sur verre et l'ensemble de ses gravures réalisées en Suède. La presse fait l'éloge de l'artiste. Le journal copenhaguois *Politiken* écrit : « *L'impression que l'on a en regardant l'exposition dans la Vestervoldgade, c'est celle d'un artiste pour qui la couleur est tout. L'art de Gabriele Münter est comme un oiseau étranger, un hôte exotique dans notre ville nordique.* »

Dans cette ville nordique, Gabriele trouve ses marques, beaucoup plus qu'à Stockholm. Elle y apprécie la qualité de vie, la topographie qui n'est pas sans lui rappeler celle des villes hanséatiques. Pour gagner sa vie, elle accepte les commandes de portraits, elle passe de petites annonces, 200 couronnes pour deux à quatre séances. Mais le sentiment de solitude l'étreint au plus haut point. Elle guette l'arrivée du facteur. Des lettres de Kandinsky, elle a perdu tout espoir d'en recevoir. Mais elle reçoit des lettres d'Allemagne, en particulier de Maria Marc. Les missives de son amie lui vont droit au cœur et ravivent en elle une époque révolue. Maria Marc est veuve depuis quatre ans. Assise près du poêle ronronnant, emmitouflée sous une couverture, elle relit l'une de ses dernières lettres :

« *Lorsque vous pensez à moi, chère Münter, ne m'imaginez pas telle que j'étais. Les années de guerre m'ont transformée. J'ai changé, mais pas en pire, je ne suis pas aigrie, tout mon être est envahi d'une trop grande tristesse (...)*

Comment allez-vous, vous et Kandinsky ? Êtes-vous séparés ou pouvez-vous être parfois ensemble ? Je pense souvent à Murnau et à la Ainmillerstraße. Je prends souvent le Cavalier bleu entre les mains. Aujourd'hui, je sais beaucoup mieux qu'autrefois combien ce livre est historique. Savez-vous que Lisbeth Macke s'est remariée ? Avec le meilleur camarade de classe d'August. Elle est encore jeune et elle ne peut pas élever les enfants turbulents (...)

Je suis allée deux fois à Murnau et c'est avec une profonde nostalgie que j'ai visité votre maison. Tout est devenu si triste. Au revoir, chère Münter, je vous serre la main. En souvenir de notre vieille amitié immuable. »

Le désir de retrouver l'ambiance de son pays natal l'assaille à présent. Presque six ans qu'elle est partie, qu'elle s'est éloignée des siens. La guerre meurtrière dont elle s'est tenue à l'écart a enfin pris fin. Franz Marc et August Macke ne sont plus. Le Cavalier bleu non plus. Il va falloir trouver une autre voie, se dit-elle. Berlin sera son prochain port d'attache. Le 28 février 1920, vêtue d'un long manteau de laine havane, les traits quelque peu tirés, les bras chargés de bagages, elle monte dans le train en direction de la capitale allemande.

Dans le salon

Gabriele peint l'instant dans le vertige d'un temps arrêté, suspendu, merveilleusement vibrant. Sa nièce Friedel s'est installée dans le fauteuil vert foncé du salon, elle est plongée dans la lecture du journal, les pages lues reposent sur ses genoux. Rien ne pourrait la distraire, tant son attention tout entière est portée sur les lignes imprimées qui défilent sous ses yeux. Elle n'a que onze ans. Que lit-elle de façon si attentionnée dans le journal ? Nous sommes en 1913, Gabriele est en visite chez sa sœur Emmy à Berlin.

Elle peint la jeune fille dans sa robe blanc gris, avec son épaisse chevelure blonde, les pieds nus. Cette dernière occupe tout le côté gauche du tableau. Dans cette peinture d'intérieur où sur un autre fauteuil vert repose une poupée à la robe rouge vermillon, Gabriele représente deux tableaux posés à même le parquet, l'un adossé au fauteuil, l'autre au meuble contre le mur du fond du salon. Ces deux tableaux dans le tableau intriguent le spectateur. Que représentent-ils ? Qui en est l'auteur ? Ils sont là, comme des compagnons fidèles de la jeune fille, pleinement dans son univers. Et c'est bien de son univers qu'il s'agit puisque Friedel les a peints en compagnie de sa tante. Le premier représente un visage de femme à la manière de l'art primitif, le second une nature morte composée d'un bouquet de fleurs dans son vase, d'un plat ovale et d'une statuette aux bras levés.

Gabriele a toujours gardé les dessins que lui offrait sa nièce. Avec Kandinsky, elle collectionne des dessins d'enfants, presque trois cents. Ce qui fascine les deux artistes, c'est le regard innocent de l'enfant posé sur le monde, sans distinction aucune entre le monde intérieur et le monde extérieur. Il voit le monde pour la première fois et c'est ainsi qu'il le représente. C'est un peu de cette fraîcheur que Gabriele et Kandinsky cherchent à s'approprier, comme un retour à la source de la créativité. Etendre le champ artistique aux différentes formes d'art venant d'Europe ou d'autres parties du monde, l'étendre dans différents domaines tels que la musique, l'art plastique, l'art des enfants, c'est aussi ce qui caractérise le mouvement du Cavalier bleu.

Gabriele appose une dernière touche au tableau. Elle peaufine les ombres grises sur la robe de Friedel. Dans ce va-et-vient entre la scène de lecture et la toile, dans une divagation imperceptible de son imaginaire, le fauteuil vert se mue en rocking-chair et exécute un mouvement de balancier. Ce n'est plus Friedel qu'elle y voit mais elle-même, une décennie auparavant, chez son oncle Joe Donohoo à Plainview dans le Texas. Installée sur la terrasse de la maison, la Prairie à perte de vue, son appareil Kodak à la main. C'est tout son périple américain qui surgit là à l'improviste et s'invite dans le salon berlinois.

En 1898, les deux sœurs avaient entamé un long voyage de deux ans aux USA sur les traces de leur parentèle américaine. Car leur père originaire d'Herford en Westphalie avait émigré en Amérique et c'est là-bas qu'il avait rencontré sa femme elle-même d'origine allemande. Les quatre enfants, August, Charly, Emmy et Gabriele n'étaient nés qu'après le retour du couple en Allemagne et leur installation à Berlin.

New York, Saint-Louis, Buffalo, Moorefield, Plainview, Marshall puis à nouveau Saint-Louis avant de rejoindre New York, autant d'étapes qui avaient affermi en Gabriele le sentiment qu'on ne pouvait s'en tenir aux règles établies, que le carcan des traditions appelait à être brisé, que dans la vie, il fallait aller de l'avant. Quoi qu'il arrive, un nouveau départ était possible avec au cœur une fraîcheur qu'on se devait de conserver. Le bloc de papier à dessin ne l'avait jamais quittée. Elle avait représenté la parentèle, l'oncle Donohoo assis sur une chaise, les jambes reposant sur un tabouret, une jeune fille écoutant le gramophone ou serrant une poupée dans ses bras. Et puis, le jour de ses vingt-deux ans, le 18 février 1899, la famille lui avait offert un appareil photo Kodak, un de ces appareils où l'on pouvait soi-même embobiner et débobiner la pellicule. Dès lors, une autre vision du monde s'était imposée, un monde où Gabriele apprenait à voir par séquences, avec un sens inné de la composition, prenant soin de bien choisir les perspectives, de mettre en avant le détail comique qui rendrait sa photo unique et universelle. Elle ne le sait pas encore, mais dans cette recherche constante du juste cadrage, elle pose les prémices de ce qui deviendra sa vocation : la peinture. Une cabane perdue dans la vaste Prairie, une femme endimanchée au bord du Mississipi, un bateau à aube sur le fleuve, une locomotive sur un pont, la moisson en Arkansas, le coucher de soleil sur l'Atlantique, les pellicules s'amoncellent, elle prendra plus de quatre cent photos.

Sur le paquebot Pennsylvania en route vers l'Europe, Emmy et Gabriele posent en tenue marine, casquette vissée sur la tête. Elles se ressemblent comme deux sœurs se ressemblent. Mais les projets qu'elles portent en elles divergent au plus haut point. Emmy âgée de trente et un ans se prépare au mariage, une perspective qu'elle envisage avec bonheur. Elle épousera l'élu de son cœur, Georg Schroeter, docteur en chimie. Gabriele, quant à elle, porte la ferme résolution de s'inscrire à des cours de dessin, de s'engager dans cette voie hasardeuse, ce sera la sienne.

Le mouvement de balancier du rocking-chair a cessé. Le fauteuil redevient fauteuil, Friedel a terminé la lecture de son journal. Elle rassemble les feuilles éparses, saisit les deux tableaux sur le plancher, les range dans le meuble adossé au mur du salon.

Enfant qui dort

C'est un jour froid et neigeux de janvier 1934, à l'heure où la lumière tarde à transpercer l'épaisse couche de nuages. Gabriele est montée au premier étage, là où la chaleur bienfaisante se diffuse dans le salon. Elle s'est installée sur le divan dont les accoudoirs ont été décorés par ses soins. Elle ouvre une chemise jaunie sur laquelle est inscrite d'une fine écriture à la plume : séjours en France, Paris, 1929, Sanary-sur-mer, 1930. Les esquisses qu'elle y trouve, elle les aurait presque oubliées ! Des fillettes assoupies, enfouies dans leur sommeil, sans crainte, sans peur aucune qu'elle découvre avec étonnement et qui d'emblée l'incitent à saisir ses tubes de couleur. Et si je me mettais à l'ouvrage ? se dit-elle, représenter le sommeil de l'enfant, ce moment délicat de repos à la fois délicieux et invincible, mais aussi si vulnérable. Elle se souvient d'un soir en particulier, elle était entrée dans la chambre de sa nièce Friedel qui reposait dans les bras de Morphée. Elle avait observé sa petite poitrine qui se soulevait puis s'affaissait dans un mouvement paisible et régulier. C'était à Berlin, elle séjournait alors chez sa sœur Emmy.

La représentation du sommeil de l'enfant dans les Beaux-Arts existe depuis la nuit des temps. Le sommeil sacré de l'Enfant Jésus a inspiré maints artistes, un sommeil sur lequel veille la Vierge Marie aux côtés du nouveau-né de Fra Angelico à Sandro Boticelli en passant par Piero della Francesca.

Mais un enfant plus âgé ? Toujours dans les bras de sa mère chez Paula Modersohn-Becker ou chez Gustav Klimt qui dans son très beau tableau, *Les Trois Âges de la femme*, représente l'enfant nu dormant contre sa mère, nue elle aussi, un moment de confiance dans le plus sûr des sommeils, celui où rien ne semble pouvoir arriver. Mais peindre l'enfant seul dans son sommeil, peu de tableaux en témoignent.

Gabriele peint deux fillettes endormies, l'une est blonde, l'autre brune. Sur le premier tableau, *Schlafendes Kind*, la petite blonde est couchée sur le côté, le bras droit cache en partie son visage, le bras gauche encercle en couronne le haut de son corps. Elle porte une robe dont le vert harmonise avec le bleu du coussin sur lequel repose sa tête. Tout est calme et détente, l'enfant s'abandonne dans une entière confiance au monde des rêves chimériques. On aurait envie de dire : chut ! Surtout ne pas la déranger, la laisser au bonheur d'être ailleurs, dans un monde inaccessible à celui qui l'observe.

Sur le deuxième tableau, *Schlafendes Mädchen*, de la fillette brune, on ne voit qu'un gros plan sur le visage assoupi, les avant-bras posés en l'air, de part et d'autre du visage. C'est une fillette, mais les lèvres colorées de rouge vermillon lui prêtent déjà la coquetterie d'une jeune fille. Ses longs cils forment de fragiles et délicates persiennes closes sur ses beaux yeux invisibles. Gabriele saisit ce moment de passage entre deux âges, plus tout à fait l'enfance, pas encore l'adolescence. Bientôt, la fillette sortira de sa douce quiétude, se lèvera et marchera, seule, sur le chemin de sa propre vie.

Gabriele remet les esquisses dans la chemise jaunie, relègue cette dernière dans le tiroir de la commode près du divan. Elle contemple à présent les toiles peintes de l'enfant qui dort avec au fond du cœur l'infime regret de ce temps innocent qui s'est évaporé sans laisser la moindre trace.

Nature morte devant la maison jaune

C'est une peinture qui intrigue. Au premier plan, une nature morte posée sur une table ovale. Dans une jatte de terre cuite, des fruits aux formes arrondies, pommes et orange. Devant la jatte, un citron, à sa gauche, un bouquet de fleurs roses stylisées qui retombent en grappe compacte sur un vase blanc crème. A l'arrière-plan, une rangée de maisons, deux d'entre elles s'imposent par leurs dimensions. Une maison jaune flanquée de deux cyprès, dont la façade est rythmée par neuf ouvertures disposées sur trois rangées. Une maison brune, massive, dont la façade est percée de cinq minuscules ouvertures. Le spectateur imagine une fenêtre, c'est devant cette fenêtre qu'est disposée la nature morte, c'est à travers cette fenêtre qu'il entrevoit la rangée de maisons. Mais de fenêtre nulle trace. Mystérieuse perspective...

Lorsque Gabriele peint ce tableau en 1953, elle a 76 ans. Depuis sa chute dans l'obscurité et sa blessure à la tête, elle souffre de vertiges. Elle ne peint plus qu'assise, de préférence des fleurs et des fruits. En représentant cette composition, elle cherche un arrière-plan adéquat. Elle repense aux toiles de ses jeunes années, au temps où elle peignait maisons et paysages. Lui revient en mémoire ce tableau qu'elle avait réalisé en 1911, *La maison jaune* et comme une fulgurance, une idée malicieuse s'impose à elle et éclaire son visage. Pourquoi ne pas juxtaposer les deux tableaux ? Placer cette nature morte devant la rangée de maisons, se jouer de l'espace, l'intérieur qui s'invite vers l'extérieur, se jouer du temps également, le passé qui se fond dans le présent. Ainsi, c'est le parcours de toute une vie qui s'expose au spectateur avisé.

La maison jaune a-t-elle réellement existé ? Gabriele la peint à trois reprises, enserrée entre d'autres maisons, solitaire dans un paysage enneigé, ornée d'un pommier chargé de fruits mûrs. Placée au milieu de la toile, la maison jaune irradie vers la nature morte à la manière d'un soleil printanier. Arrivée à la fin de sa vie, Gabriele se cramponne au triomphe des couleurs, comme un pied-de-nez à la vieillesse qui rôde et assombrit l'existence. Elle jouit enfin d'une reconnaissance personnelle pour toute son œuvre. De 1949 à 1953, une exposition itinérante dans vingt-deux villes allemandes remporte un franc succès. Elle s'intitule laconiquement : *Gabriele Münter. Werke aus fünf Jahrzehnten*, œuvres de cinq décennies. L'artiste écrit à Gerhard Budde, cofondateur de la société des Beaux-Arts de Herford : « *Le succès était réjouissant partout. J'ai à nouveau un nom et de nombreuses toiles sont désormais accrochées dans les musées.* » Ainsi, la prophétie annoncée par Kandinsky se réalise : sur le tard, elle connaîtrait le succès.

Les musées allemands et américains acquièrent ses toiles.

En France, Gabriele Münter reste une parfaite inconnue. Aucun ouvrage à son sujet. Il faudra attendre 2015 pour que deux premières œuvres soient accrochées dans un musée français. Le Centre Pompidou acquiert *Drachenkampf (1913), le combat du dragon* et *Gartentor in*

Sèvres, Petite rue des Binelles (vers 1906), portail de jardin à Sèvres, Petite rue des Binelles.

Pourquoi n'a-t-elle jamais été exposée à Paris ? Pourquoi son œuvre n'a-t-elle jamais franchi la frontière ? Pourquoi l'avoir à ce point ignorée ? Pendant très longtemps, les artistes allemands n'ont été considérés qu'avec condescendance. Les deux guerres mondiales n'ont fait qu'accentuer le rejet de toute expression artistique émanant d'outre-Rhin. Dans les années 1950-1960, l'art allemand ne suscitait aucun intérêt notoire de la part des musées français.

Il n'est jamais trop tard pour mettre une artiste dans la lumière. Gabriele n'aspire qu'à cela, revoir la capitale française, humer une fois encore l'air parisien, comme un clin d'œil au temps révolu de la Petite rue des Binelles, à ce jour heureux où dans le jardin de ses propriétaires, elle tenait son chat Waske entre ses bras et que Kandinsky la photographiait devant le mur du jardin couvert d'arbres fruitiers en espalier.

REMERCIEMENTS

Je remercie la bibliothèque universitaire de Heidelberg qui m'a facilité l'accès aux livres sans lesquels cet ouvrage n'aurait pu voir le jour.

Que soient remerciées Christel Fahrig-Holm pour la relecture attentive du manuscrit, Christine Lumineau pour ses remarques judicieuses et bien sûr, merci à toi, Rüdi, pour ton soutien infaillible.

REPÈRES CHRONOLOGIQUES

1877   Naissance de Gabriele Münter à Berlin

1886   Décès de son père

1897   Décès de sa mère

Septembre 1898- octobre 1900 Voyage aux Etats-Unis avec
        sa sœur Emmy
        Visite de la parentèle

1902   Ecole Phalanx à Munich
        Wassily Kandinsky est l'un de ses professeurs.

1904 – 1908 4 années de voyage avec Kandinsky
        Hollande, Tunis, Dresde, Rapallo, Sèvres

1909   Création de la « Neue Künstlervereinigung
        München », la Nouvelle Association des artistes mu-
        nichois
        Août 1909 Achat de la maison de Murnau

1911   Première exposition du Cavalier bleu à la galerie
        Thannhauser à Munich

1912   Deuxième exposition du Cavalier bleu à la galerie
        Goltz à Munich

1914   Décès d'August Macke à Perthes-les-Hurlus, Cham-
        pagne

1914-1919 Kandinsky rentre à Moscou. G. Münter émigre
        à Stockholm puis à Copenhague.

Mars 1916 Dernière rencontre de Kandinsky et G. Münter
        à Stockholm

1916   Décès de Franz Marc à Braquis près de Verdun

1920   Retour de G. Münter en Allemagne
Décembre 1927 G. Münter fait la connaissance de l'histo-
        rien d'art Johannes Eichner
1929   Séjour à Paris
1930   Séjour à Sanary-sur-mer avec Johannes Eichner
1931 – 1939 G.Münter s'installe définitivement dans sa mai-
        son de Murnau avec J. Eichner.
1937   Exposition *Art dégénéré* à Munich
1944   Décès de Kandinsky à Neuilly-sur-Seine
1944-1948 G. Münter sauve des œuvres du Cavalier bleu
        et de Kandinsky dans la cave de sa maison de Mur-
        nau.
1949   Rétrospective sur le Cavalier bleu à la maison des
        Arts de Munich
1957   A l'occasion de ses 80 ans, G. Münter lègue de nom-
        breuses œuvres du Cavalier bleu au Lenbachhaus
        de Munich.
1958   Décès de J. Eichner
1962   Décès de G. Münter dans sa maison de Murnau

BIBLIOGRAPHIE

Ouvrages sur Gabriele Münter

BRAUCHITSCH, Boris von, *Gabriele Münter. Eine Biographie*, Berlin, Insel Verlag, 2017.

EICHNER, Johannes, *Kandinsky und Gabriele Münter. Von Ursprüngen moderner Kunst*, Munich, Bruckmann, 1957.

FRIEDEL, Helmut, *Gabriele Münter und Wassily Kandinsky. Perlenstickereien und Textilarbeiten aus dem Nachlass von Gabriele Münter*, Munich, édité par la fondation Gabriele Münter-und Johannes Eichner, 2010.

HILLE, Karoline, *Gabriele Münter. Die Künstlerin mit der Zauberband*, Cologne, DuMont, 2012.

HOBERG, Annegret, *Gabriele Münter*, Cologne, Wienand, 2017.

HOBERG, Annegret, *Wassily Kandinsky und Gabriele Münter in Murnau und Kochel 1902-1914*, Munich, Prestel, 1994.

KLEINE, Gisela, *Gabriele Münter und Wassily Kandinsky. Biographie eines Paares*, Francfort-sur-le-Main, Insel Verlag, 1990.

KLEINE, Gisela, *Gabriele Münter und die Kinderwelt*, Francfort-sur-le-Main, Insel Verlag, 1997.

SCHRÖDER, Stephanie, *Gabriele Münter. Ein Leben zwischen Kandinsky und der Kunst*, Fribourg-en-Brisgau, Herder, 2018.

Autres ouvrages

BEHLING, Katja, MANIGOLD, Anke, *Die Malweiber. Unerschrockene Künstlerinnen um 1900*, Munich, Sandmann, 2009.

BOUILLON, Jean-Paul, *Wassily Kandinsky, regards sur le passé et autres textes, 1912-1922*, Paris, Hermann, 1974.

DARRIEUSSECQ, Marie, *Être ici est une splendeur. Vie de Paula M. Becker*, Paris, P.O.L, 2016.

DÜCHTING, Hajo, *Kandinsky*, Cologne, Taschen, 2007.

ERDMANN-MACKE, Elisabeth, *Erinnerung an August Macke*, Stuttgart, 1962.

FLECKNER, Uwe, *Angriff auf die Avantgarde. Kunst und Kunstpolitik im Nationalsozialismus*, Berlin, Akad.-Verlag, 2007.

GONNARD, Catherine, *Femmes artistes – artistes femmes, Paris, de 1880 à nos jours*, Paris, Hazan, 2007.

HOBERG, Annegret, *« Ich will Dich an der Hand führen, um Dir die Wunder der Welt zu zeigen », Briefe von Franz und Maria Marc*, Munich, C.H. Beck, 2018.

MATHIEU, Marianne, *Berthe Morisot en 15 questions*, Vanves, Hazan, 2019.

MÖLLER, Hildegard, *Malerinnen und Musen des « Blauen Reiters »*, Munich, Piper, 2007.

MURKEN, Christa, *Paula Modersohn-Becker*, Cologne, Du-Mont, 1991.

POPPE, Birgit, *Eine himmelstürmende Liebe. August Macke und seine Frau Elisabeth*, Berlin, Parthas Verlag, 2013.

SCHULZ, Isabel, SCHWARZ, Isabelle, *1937, Auf Spurensuche – Zur Erinnerung an die Aktion « Entartete Kunst »*, Hanovre, Sprengel-Museum, 2007.

Catalogues d'exposition

BARNET, Vivian Endicott, *Franz Marc, August Macke. L'aventure du cavalier bleu*, Paris, Hazan, 2019.

FRIEDEL (dir.), Helmut, *Gabriele Münter. Die Jahre mit Kandinsky, Photographien 1902-1914*, Munich, 2007.

HOBERG, Annegret, *Maria Marc. Leben und Werk, 1876-1955*, Munich, Städtische Galerie im Lenbachhaus, 1995.

JANSEN (dir.), Isabelle, *Gabriele Münter, 1877-1962. Malen ohne Umschweife*, Munich, Londres, New York, Prestel, 2017.

PATY (dir.), Sylvie, *Berthe Morisot*, Paris, musée d'Orsay et de l'Orangerie, 2019.

PFEIFFER (dir.), Ingrid, HOLLEIN (dir.), Max, *Sturm-Frauen. Künstlerinnen der Avant-Garde in Berlin 1910-1932*, Wienand, 2015.

Documentaires

Gabriele Münters letzte Jahre: Retterin des « Blauen Reiters », BR, 2017.

L'amour à l'oeuvre. Gabriele Münter et Wassily Kandinsky, Arte, 2019.

Starke Frauen in der Kunst, BR, 2017.

TABLEAUX PRÉSENTÉS

Fräulein Ellen im Grass, Mademoiselle Ellen dans l'herbe (1934)

Dame im Sessel, schreibend, Femme dans un fauteuil, écrivant (1929)

Bildnis Wassily Kandinsky, Portrait de Wassily Kandinsky (1906)

Das Frühstück der Vögel, Le petit déjeuner des oiseaux (1934)

Sinnende 1, La Penseuse 1 (1917)

Sinnende 2, La Penseuse 2 (1928)

Grabkreuze in Kochel, Croix tombales à Kochel (1909)

Javanerin, Javanaise (1928)

Kandinsky und Erma Bossi am Tisch, Kandinsky et Erma Bossi à table (1912)

Im Zimmer, Dans le salon (1913)

Schlafendes Kind, Enfant qui dort (1934)

Schlafendes Mädchen, Fillette qui dort (1934)

Stillleben vor dem gelben Haus, Nature morte devant la maison jaune (1953)

DE LA MÊME AUTEURE

Lettres à Matteo Ricci, Paris, Bayard, 2010
Le peintre de Qianlong, Paris, BoD, 2016
Blanche, Paris, BoD, 2020